Testbuch

Mit Erfolg zum
Goethe-Zertifikat C1

von
Uta Loumiotis

Alles Digitale zu diesem Buch kann auf der Lernplattform **allango** von Ernst Klett Sprachen abgerufen werden. So geht's:

QR-Code scannen oder **www.allango.net** aufrufen | Buchtitel oder ISBN in der Suche eingeben und auf das Buchcover klicken | Zum Inhalt navigieren, direkt abrufen oder speichern

Zu diesem Buch auf allango verfügbar: **Audios**.

Ernst Klett Sprachen
Stuttgart

Mit Erfolg zum

Goethe-Zertifikat C1

Testbuch

Weitere Komponenten:
Mit Erfolg zum Goethe-Zertifikat C1, Übungsbuch 978-3-12-675167-4

1. Auflage 5 | 2025

www.klett-sprachen.de

Autorin: Uta Loumiotis
Redaktion: Marisa Spahr, Claudia Witthuhn
Redaktionelle Mitarbeit: Zoi Kokkalidou
Redaktionelle Beratung: Simone Weidinger
Layout: Sabine Kaufmann
Umschlaggestaltung: Sabine Kaufmann
Satz: Cellworks, Athen
Druck und Bindung: Salzland Druck, Staßfurt

Audio-Impressum
Sprecher*innen: José Amigo, Christian Birko-Flemming, Tanja Götemann, Stefanie Plisch de Vega, Markus Schultz, Sigrun Schumacher, Hans-Peter Stoll, Anke Stößer, Sofi Vega
Tontechnik und Produktion: Top10Tonstudio, Gunther Pagel, Viernheim

Printed in Germany
ISBN 978-3-12-675176-6

Inhaltsverzeichnis

Liebe Lernende,

mit dem Testbuch *Mit Erfolg zum Goethe-Zertifikat C1* können Sie sich sowohl im Kurs als auch im Selbststudium gezielt auf die seit 2024 weltweit gültige Prüfung „Goethe-Zertifikat C1" vorbereiten.

Dieses Testbuch enthält vier Modelltests. Am Ende von jedem Modelltest finden Sie jeweils die Lösungen. Zu Modelltest 1 gibt es kommentierte Lösungen, die Ihnen die Lösung und den Weg zur Lösung erklären.

Ergänzend zum Testbuch ist ein Übungsbuch *Mit Erfolg zum Goethe-Zertifikat C1* (ISBN 978-3-12-675167-4) erschienen. Dieses Übungsbuch enthält ein Schritt-für-Schritt-Trainingsprogramm, effiziente Übungen für die einzelnen Fertigkeiten sowie ein Kapitel mit zahlreichen Übungen zum Wiederholen von prüfungsrelevanten Grammatikthemen. Wir helfen Ihnen, typische Fehler zu erkennen und zu vermeiden!

Viel Erfolg bei der Arbeit mit diesem Buch und natürlich auch bei der Prüfung wünschen Ihnen

Autorin und Verlag

Das Goethe-Zertifikat C1

Die Prüfung „Goethe-Zertifikat C1" besteht aus vier Modulen zu den Fertigkeiten

→ Lesen

→ Hören

→ Schreiben

→ Sprechen

Die Module können einzeln, also modular, oder zusammen als Ganzes abgelegt werden. Wird ein Modul oder werden mehrere Module nicht bestanden, können diese Module beliebig oft erneut abgelegt werden. Für jedes bestandene Modul erhalten die Teilnehmenden eine Zeugnisurkunde.

Ein Gesamtzeugnis, das alle vier Module ausweist, erhalten die Teilnehmenden nur, wenn sie alle vier Module an einem Prüfungstermin abgelegt und bestanden haben, oder wenn sie ein oder mehrere nicht bestandene Module innerhalb eines Jahres nach Bekanntgabe der Prüfungsergebnisse am selben Prüfungszentrum abgelegt und bestanden haben.

Das Goethe-Zertifikat C1 ist eine Deutschprüfung für Erwachsene. Es gibt keine Variante für Jugendliche. Die Prüfung wird auch digital angeboten (außer das Modul *Sprechen*) und ist auch als barrierefreie Version verfügbar.

Um die Prüfung ablegen zu können, werden circa 800 bis 1000 Unterrichtseinheiten à 45 Minuten vorausgesetzt.

Wörterbücher und Mobiltelefone sind während der gesamten Prüfung nicht erlaubt!

Verwenden Sie in der Prüfung einen Kugelschreiber und keinen Bleistift!

Modul LESEN

Teil	Prüfungsziel	Zeit	Punkte
		65 Minuten	30*
1	Text mit Wörtern rekonstruieren	vorgeschlagene Zeit: 10 Minuten	8
2	Hauptaussagen und Einzelinformationen verstehen	vorgeschlagene Zeit: 20 Minuten	7
3	Text mit Sätzen rekonstruieren	vorgeschlagene Zeit: 20 Minuten	8
4	Meinung oder Aussage suchen, erkennen und verorten	vorgeschlagene Zeit: 15 Minuten	7

* 30 Messpunkte entsprechen 100 Ergebnispunkten.
In der Prüfung können Sie maximal 100 Ergebnispunkte pro Modul erreichen.
Die Bestehensgrenze liegt bei 60 Prozent, d. h. bei 18 Punkten bei dem Modul *Lesen*, also 60 Ergebnispunkten.

Modul HÖREN

Teil	Prüfungsziel	Zeit	Punkte
		circa 40 Minuten	30*
1	Einzelinformationen in einer Sendung (Rezension) verstehen		6
2	Aussagen und Einzelinformationen zu Fachthemen verstehen		9
3	Hauptaussagen und Meinungen in einer Diskussion zu einem aktuellen Thema verstehen		8
4	Einzelinformationen zu einem aktuellen Thema verstehen		7

* 30 Messpunkte entsprechen 100 Ergebnispunkten.
In der Prüfung können Sie maximal 100 Ergebnispunkte pro Modul erreichen.
Die Bestehensgrenze liegt bei 60 Prozent, d. h. bei 18 Punkten bei dem Modul *Hören*, also 60 Ergebnispunkten.

Modul SCHREIBEN

Teil	Prüfungsziel	Zeit	Punkte
		75 Minuten	100*
1	Produktion: Meinungsäußerung verfassen	vorgeschlagene Zeit: 50 Minuten	60
2	Interaktion: (halb)formelle Mitteilung verfassen	vorgeschlagene Zeit: 25 Minuten	40

Teil 1

	A	B	C	D	E
Erfüllung	14	10,5	7	3,5	0
Kohärenz	14	10,5	7	3,5	0
Wortschatz	16	12	8	4	0
Strukturen	16	12	8	4	0

Teil 2

	A	B	C	D	E
Erfüllung	10	7,5	5	2,5	0
Kohärenz	10	7,5	5	2,5	0
Wortschatz	10	7,5	5	2,5	0
Strukturen	10	7,5	5	2,5	0

* Die Bewertungskriterien zum Modul *Schreiben* finden Sie auf Seite 18.

Modul SPRECHEN

Teil	Prüfungsziel	Zeit	Punkte
		Vorbereitung: 20 Minuten Prüfung: circa 20 Minuten	100*
1	Produktion: einen Vortrag halten, vor Publikum sprechen, Fragen stellen und beantworten	circa 7 Minuten pro Kandidat/in	52**
2	Interaktion: in einer Disskussion Standpunkte vertreten, argumentieren, sich einigen	circa 5 Minuten für beide Teilnehmenden zusammen	32**

Teil 1

	A	B	C	D	E
Erfüllung	10	7,5	5	2,5	0
Kohärenz	10	7,5	5	2,5	0
Wortschatz	10	7,5	5	2,5	0
Strukturen	10	7,5	5	2,5	0
Fragen/ Antworten	12	9	6	3	0

Teil 2

	A	B	C	D	E
Erfüllung	8	6	4	2	0
Interaktion	4	3	2	1	0
Wortschatz	10	7,5	5	2,5	0
Strukturen	10	7,5	5	2,5	0

Teil 1 und Teil 2**

	A	B	C	D	E
Ausprache	16	12	8	4	0

* Die Bewertungskriterien zum Modul *Sprechen* finden Sie auf Seite 21.
** Es werden auch maximal 16 Punkte für die Aussprache vergeben.

Lesen: Teil 1

- In Teil 1 müssen Sie einen Text rekonstruieren, indem Sie fehlende Wörter jeder Wortart und ggf. auch komplette Ausdrücke ergänzen (Items 1 bis 8).
- Dabei stehen Ihnen vier Auswahlantworten (a, b, c, d) zur Verfügung.
- Bei der Textsorte handelt es sich um einen populärwissenschaftlichen oder informativen Pressetext zu den Themenbereichen Forschung, Wissenschaft oder Innovationen.

Lösungsstrategie: Schritt für Schritt

→ **1. Schritt:** Lesen Sie den Einleitungstext der Arbeitsanweisung und die Überschrift, um einen ersten Eindruck vom Thema zu bekommen.

→ **2. Schritt:** Lesen Sie den Text bis zum Beispiel (0) und lesen Sie die entsprechende Antwortoption. Achten Sie darauf, dass neben dem inhaltlichen Anschluss auch die Syntax einen Hinweis darauf gibt, dass dieses Wort / dieser Ausdruck in Lücke 0 passt.

→ **3. Schritt:** Lesen Sie weiter, bis zum Ende des Satzes, der die Lücke 1 enthält, und versuchen Sie dabei, den kompletten Inhalt zu erschließen.

→ **4. Schritt:** Wählen Sie aus den vier Auswahlantworten (a, b, c, d) das Wort, das den Satz inhaltlich, grammatisch und syntaktisch vervollständigt.

→ **5. Schritt:** Sie können sich nicht gleich für eine Option entscheiden? Verlieren Sie keine Zeit und machen Sie mit der nächsten Aufgabe weiter. Gehen Sie am Ende der Bearbeitung dieses Teils noch einmal zu der Aufgabe und bearbeiten Sie diese dann.

→ **6. Schritt:** Verfahren Sie mit den übrigen Aufgaben 2 bis 8 ebenso.

Stoppen Sie während des Übens die Zeit, pro Item stehen Ihnen circa zwei Minuten zur Verfügung.
Das gilt für alle Teile des Moduls *Lesen*.

Kreuzen Sie immer eine Antwort an. Es werden Ihnen keine Punkte für falsche Lösungen abgezogen.

Lesen: Teil 2

- In Teil 2 müssen Sie einem Text mit hohem Informationsgehalt Hauptaussagen und Einzelinformationen entnehmen.
- Dabei wird Ihr Textverständnis durch sieben Aufgaben (Items 9 bis 15) mit Mehrfachauswahl (a, b, c) geprüft.
- Bei der Textsorte handelt es sich um einen Artikel aus dem Bereich Wissenschaft, z. B. Psychologie, Soziales oder Gesellschaft.

Lösungsstrategie: Schritt für Schritt

→ **1. Schritt:** Lesen Sie den Einleitungstext der Arbeitsanweisung, die Überschrift und den ersten Abschnitt des Textes, um einen ersten Eindruck vom Thema zu bekommen.

→ **2. Schritt:** Lesen Sie die erste Aufgabe (9) und unterstreichen Sie Schlüsselwörter.

→ **3. Schritt:** Vergleichen Sie die unterstrichenen Textstellen mit den Schlüsselwörtern aus Aufgabe 9. Können Sie sich gleich für eine der Antwortoptionen entscheiden? Dann markieren Sie diese.

→ **4. Schritt:** Sie können sich nicht gleich für eine Option entscheiden? Verlieren Sie keine Zeit und machen Sie mit der nächsten Aufgabe weiter. Gehen Sie am Ende der Bearbeitung dieses Teils noch einmal zu der Aufgabe und bearbeiten Sie diese dann.

→ **5. Schritt:** Verfahren Sie mit den übrigen Aufgaben10 bis 15 ebenso.

Lassen Sie sich nicht entmutigen, wenn Sie in einem Text nicht alle Wörter verstehen. Konzentrieren Sie sich auf die Wörter und Ausdrücke, die Sie schon kennen.

Das eigene Wissen über das Thema ist nicht gefragt. Die Antwort muss immer im Text stehen.

Lesen: Teil 3

- In Teil 3 müssen Sie einen Lückentext rekonstruieren, indem Sie den acht Lücken (Items 16 bis 23) acht von zehn vorgegebenen Sätzen zuordnen.
- Das bedeutet, dass zwei Sätze übrigbleiben.
- Bei der Textsorte handelt es sich um einen Pressetext (Kommentar zu einem kontroversen Thema) aus dem Bereich Arbeitswelt, Hochschule oder Gesellschaft.

Lösungsstrategie: Schritt für Schritt

→ **1. Schritt:** Lesen Sie den Einleitungstext der Arbeitsanweisung und die Überschrift, um einen ersten Eindruck vom Thema zu bekommen.

→ **2. Schritt:** Lesen Sie den Text bis zum Beispiel (0) und lesen Sie die entsprechende Antwortoption. Achten Sie darauf, dass neben dem inhaltlichen Anschluss auch die Verknüpfungen bzw. Verweiswörter einen Hinweis darauf geben, dass dieser Satz in Lücke 0 passt.

→ **3. Schritt:** Lesen Sie dann die Antwortoptionen (a–j). Achten Sie neben dem Inhalt besonders auf Konnektoren, Verweiswörter und die Zeitform, um den passenden Satz zu finden.

→ **4. Schritt:** Können Sie sich gleich für eine der Antwortoptionen entscheiden? Dann markieren Sie diese und lesen Sie weiter bis zur nächsten Lücke.

→ **5. Schritt:** Sie können sich nicht gleich für eine Option entscheiden? Prüfen Sie: Welche Sätze passen inhaltlich am besten? Achten Sie dann nochmals genau auf die Anschlüsse und Verweiswörter.

Lesen Sie auch immer den Satz nach der Lücke, um den fehlenden Satz zu finden.

Lesen: Teil 4

- In Teil 4 müssen Sie drei Texten (a, b, c) fünf Meinungen oder Aussagen (Items 24 bis 30) zuordnen, die Sie aus sieben vorgegebenen Sätzen auswählen.
- Das bedeutet, dass zwei Meinungen bzw. Aussagen übrigbleiben.
- Die drei abstrakten Meinungstexte (a, b, c) sind Äußerungen zu einem gemeinsamen Thema aus der Wissenschaft oder aus dem gesellschaftlichen Bereich.

Lösungsstrategie: Schritt für Schritt

→ **1. Schritt**: Lesen Sie den Einleitungstext der Arbeitsanweisung und die Überschrift, um einen ersten Eindruck vom Thema zu bekommen.

→ **2. Schritt:** Lesen Sie auch das Beispiel. Es bezieht sich immer auf den Anfang von Text a und kann dabei helfen, unbekannte Wörter aus dem Text anhand der Aussage, die ja eine Umschreibung ist, zu verstehen.

→ **3. Schritt:** Lesen Sie den ersten Beitrag (a) und unterstreichen Sie Schlüsselwörter.

→ **4. Schritt:** Vergleichen Sie die Textstellen aus dem ersten Beitrag (a) mit den Aussagen. Können Sie die Aussage(n) sofort zuordnen? Dann notieren Sie hinter der/den Aussage(n) den Buchstaben des Beitrages, also a.

→ **5. Schritt:** Verfahren Sie mit den anderen Meinungsäußerungen genauso.

→ **6. Schritt:** Sie haben den Eindruck, dass eine Aussage zu mehreren Beiträgen passt? Dann lesen Sie die Aussage und die Textstellen noch einmal detailliert durch, um die richtige Lösung zu finden.

In diesem Prüfungsteil haben Sie nur sehr wenig Zeit. Halten Sie sich also nicht zu lange mit der Zuordnung auf, sondern gehen Sie zur nächsten Aufgabe über.

Achtung! Zu jedem Meinungstext passen mindestens eine, aber höchstens drei Aussagen.

Hören: Teil 1

- In Teil 1 hören Sie einen mündlich vorgetragenen Monolog z. B. drei Buch- oder Filmbesprechungen zu einem Thema (z. B. Gesellschaft, Wissenschaft, Kultur). Den vorgestellten Büchern, Filmen o.Ä. sollen Werturteile und Beschreibungen (Einzelinformationen) zugeordnet werden.
- Das Hörverständnis wird durch sechs dreigliedrige Mehrfachwahlaufgaben (Items 1 bis 6) geprüft. Sie hören den Text einmal.
- Jede Option können Sie nur einem Abschnitt (z. B. Buch 1/2/3) zuordnen.
- Jedem Textabschnitt wird mindestens ein Item zugeordnet, maximal drei Items.
- Die Textstellen zu den richtigen Lösungen sind in den Transkriptionen zu den Hörtexten unterstrichen und mit Itemnummer gekennzeichnet.

Lösungsstrategie: Schritt für Schritt

→ **1. Schritt:** Lesen Sie das Beispiel und versuchen Sie einen ersten Eindruck von Buch 1 zu bekommen.

→ **2. Schritt:** Unterstreichen Sie beim Lesen Schlüsselwörter. Sie haben dazu 60 Sekunden Zeit.

→ **3. Schritt:** Versuchen Sie den Inhalt der Aussagen global zu begreifen, um nachvollziehen zu können, von welchem Text die Rede ist.

→ **4. Schritt:** Wenn Sie beim Hören eine Aussage als richtig identifizieren können, markieren Sie diese.

→ **5. Schritt:** Am Ende des Moduls *Hören* haben Sie 3 Minuten Zeit für die Übertragung der Antworten auf den Antwortbogen.

Achten Sie beim Hören darauf, welche der Schlüsselwörter den Textstellen im Hörtext entsprechen. Achten Sie dabei auf Synonyme, Umschreibungen (Paraphrasen) oder auch Gegenteile (Antonyme).
Das gilt für das gesamte Modul *Hören*.

Hören: Teil 2

- In Teil 2 hören Sie ein Interview zu einem wissenschaftlichen Thema mit einer Persönlichkeit aus der Kunst, Kultur, Politik, Wissenschaft o. Ä.
- Das Hörverständnis wird durch neun dreigliedrige Mehrfachwahlaufgaben (stimmt, stimmt nicht, dazu wird nichts gesagt) geprüft (Items 7 bis 15).
- Sie hören den Text zweimal.
- Die Textstellen zu den richtigen Lösungen sind in den Transkriptionen zu den Hörtexten unterstrichen und mit Itemnummer gekennzeichnet.

Lösungsstrategie: Schritt für Schritt

→ **1. Schritt:** Lesen Sie die Aufgaben und markieren Sie Schlüsselwörter. Überlegen Sie, was das Thema des Radiointerviews sein könnte. Sie haben dafür 60 Sekunden Zeit.

→ **2. Schritt:** Hören Sie nun das Interview. Die Reihenfolge der Aufgaben entspricht dem Verlauf des Gesprächs.

→ **3. Schritt:** Versuchen Sie den Inhalt der Aussagen global zu begreifen, um nachvollziehen zu können, ob die Aussage stimmt oder nicht oder ob nichts dazu gesagt wird.

→ **4.Schritt:** Markieren Sie in der jeweiligen Aufgabe die Aussage, die Sie als richtig identifizieren können.

→ **4. Schritt:** Hören Sie das Interview ein zweites Mal und überprüfen Sie Ihre Lösungen bzw. lösen Sie die noch offenen Aufgaben.

→ **5. Schritt:** Am Ende des Moduls *Hören* haben Sie 3 Minuten Zeit für die Übertragung der Antworten auf den Antwortbogen.

Lassen Sie sich nicht entmutigen, wenn Sie nicht alles verstehen oder lösen können! Vor dem zweiten Hören haben Sie 15 Sekunden Zeit, um noch einmal die Aufgaben durchzulesen, die Sie beim ersten Hören nicht beantworten konnten.

Die Option „stimmt nicht" muss durch den Hörtext eindeutig negiert werden. Bei der Option „dazu wird nichts gesagt" hören Sie nichts zu dieser Aussage.

Hören: Teil 3

- In Teil 3 hören Sie ein längeres Gespräch bzw. eine längere Diskussion mit einer Moderatorin oder einem Moderator, die/der zwei Expertinnen oder Experten befragt.
- Die Themen stammen aus den Bereichen Gesellschaft und Wissenschaft.
- Das Hörverständnis wird durch acht dreigliedrige Mehrfachwahlaufgaben (a, b, c) geprüft (Items 16 bis 23). Der Text wird in vier Abschnitten gehört.
- Jedem Abschnitt sind zwei Aufgaben zugeordnet.
- Sie hören den Text einmal.
- Die Textstellen zu den richtigen Lösungen sind in den Transkriptionen zu den Hörtexten unterstrichen und mit Itemnummer gekennzeichnet.

Lösungsstrategie: Schritt für Schritt

→ **1. Schritt:** Lesen Sie zuerst die ersten zwei Aufgaben und markieren Sie Schlüsselwörter. Sie haben dafür 30 Sekunden Zeit.

→ **2. Schritt**: Hören Sie nun den entsprechenden Teil des Gesprächs.

→ **3. Schritt:** Markieren Sie in der jeweiligen Aufgabe die Aussage, die Sie als richtig identifizieren können.

→ **4. Schritt:** Verfahren Sie mit den weiteren Abschnitten ebenso.

→ **5. Schritt:** Am Ende des Moduls *Hören* haben Sie 3 Minuten Zeit für die Übertragung der Antworten auf den Antwortbogen.

Achten Sie beim Hören darauf, welche der Schlüsselwörter den Textstellen im Hörtext entsprechen. Achten Sie dabei auf Synonyme, Umschreibungen (Paraphrasen) oder auch Gegenteile (Antonyme).
Das gilt für das gesamte Modul *Hören*.

Hören: Teil 4

- In Teil 4 hören Sie einen längeren monologischen Text (Vortrag einer Expertenin oder eines Experten) mit einem dichten Informationsgehalt zu einem aktuellen gesellschaftspolitischen Thema (Gesellschaft, Politik, Forschung).
- Das Hörverständnis wird durch sieben dreigliedrige Mehrfachwahlaufgaben (a, b, c) geprüft (Items 24 bis 30). Sie hören den Text zweimal.
- Die Textstellen zu den richtigen Lösungen sind in den Transkriptionen zu den Hörtexten unterstrichen und mit Itemnummer gekennzeichnet.

Lösungsstrategie: Schritt für Schritt

→ **1. Schritt:** Lesen Sie die Arbeitsanweisung ganz genau. So bekommen Sie einen ersten Hinweis auf das Thema.

→ **2. Schritt:** Lesen Sie die Aufgaben und markieren Sie Schlüsselwörter. Überlegen Sie, welche Aspekte des Themas angesprochen werden könnten. Sie haben dafür 90 Sekunden Zeit.

→ **3. Schritt:** Hören Sie nun den Vortrag. Die Reihenfolge der Aufgaben entspricht dem Verlauf des Textes.

→ **4. Schritt:** Wenn Sie beim ersten Hören eine Aussage als richtig identifizieren können, markieren Sie diese.

→ **5. Schritt:** Hören Sie den Vortrag ein zweites Mal und überprüfen Sie Ihre Lösungen bzw. lösen Sie die noch offenen Aufgaben.

→ **6. Schritt:** Am Ende des Moduls *Hören* haben Sie 3 Minuten Zeit für die Übertragung der Antworten auf den Antwortbogen.

Halten Sie sich während des Hörens nicht zu lange an einer einzelnen Aufgabe auf. Sonst könnte es sein, dass Sie die nächste Aufgabe verpassen. Haben Sie also immer auch die Folgeaufgabe im Blick!

Machen Sie sich eventuell kleine Symbole an die Aufgabe, wenn Sie unsicher sind, z. B. ein Fragezeichen (?). So können Sie beim zweiten Hören oder am Ende noch einmal kurz über die ungelösten Aufgaben nachdenken.

Schreiben: Teil 1

- Sie schreiben einen Forumsbeitrag zu einem aktuellen Thema.
- Hierfür erhalten Sie eine Überschrift, die das Thema umschreibt und vier Inhaltspunkte, die Sie bearbeiten müssen. Sie äußern zu einem Diskussionsthema Ihre Meinung, nennen Gründe, berichten von (Ihren) Erfahrungen, zählen Vor- und Nachteile auf, zeigen Alternativen auf und machen Vorschläge.
- Vergessen Sie nicht, eine Einleitung und einen Schluss zu schreiben.
- Sie schreiben Ihren Text in neutraler Sprache. Das bedeutet: Sie schreiben nicht so persönlich wie in einer E-Mail an einen Freund.
- Der Text sollte ca. 230 Wörter lang sein.

Lösungsstrategie: Schritt für Schritt

→ **1. Schritt:** Lesen Sie die Überschrift, um das Thema zu verstehen.

→ **2. Schritt:** Lesen Sie die Inhaltspunkte und unterstreichen Sie wichtige Wörter.

→ **3. Schritt:** Lesen Sie auch die formalen Angaben am Ende des Teils 2.

→ **4. Schritt:** Notieren Sie sich Stichpunkte zu den Inhaltspunkten.

→ **5. Schritt:** Rufen Sie sich passende Redemittel für Einleitung, Hauptteil und Schluss in Erinnerung.

→ **6. Schritt:** Schreiben Sie mithilfe Ihrer Stichpunkte und Redemittel den Text direkt auf den Antwortbogen. Achten Sie dabei auf eine gute Verknüpfung von Sätzen und Satzteilen.

→ **7. Schritt:** Lesen Sie sich den Text noch einmal durch und korrigieren Sie ihn.

Die Checkliste hilft Ihnen bei der Korrektur des Textes:
1. Habe ich alle vier Inhaltspunkte behandelt?
2. Entsprechen die Anrede (wenn erforderlich) und der Text der Textsorte?
3. Habe ich die Groß- und Kleinschreibung beachtet?
4. Sind die Verb- und Adjektivformen korrekt?
5. Habe ich die Sätze und Abschnitte korrekt miteinander verbunden?

Die vorgeschlagene Arbeitszeit für diesen Teil ist 50 Minuten. Das zeigt auch, dass dieser Teil stärker gewichtet wird als Teil 2, für den weniger Wörter und weniger Zeit vorgesehen sind.

Schreiben: Teil 2

- Sie schreiben eine Nachricht an Kolleginnen/Kollegen, Vorgesetzte, Lehrende, Tutorinnen/Tutoren u. Ä.
- Hierfür erhalten Sie eine kurze Kontextbeschreibung und vier Inhaltspunkte. Sie bitten höflich um etwas, benennen ein Problem, klären Missverständnisse auf und machen Vorschläge.
- Sie verfassen Ihren Text im (halb)formellen Register. Vergessen Sie nicht die passende Anrede und Grußformel.
- Der Text sollte ca. 120 Wörter lang sein.

Lösungsstrategie: Schritt für Schritt

→ **1. Schritt:** Lesen Sie den Einleitungstext, um die Situation bzw. den Anlass zu verstehen.

→ **2. Schritt:** Lesen Sie die Inhaltspunkte und unterstreichen Sie wichtige Wörter.

→ **3. Schritt:** Lesen Sie auch die formalen Angaben am Ende des Teils 2.

→ **4. Schritt:** Notieren Sie Stichpunkte zu den Inhaltspunkten.

→ **5. Schritt:** Notieren Sie Redemittel zur Anrede, Einleitung, zum Hauptteil und zur Grußformel.

→ **6. Schritt:** Schreiben Sie mithilfe Ihrer Stichpunkte und Redemittel den Text direkt auf den Antwortbogen. Formulieren Sie zu jedem Inhaltspunkt mindestens zwei Sätze.

Schreiben Sie Ihren ausformulierten Text nicht auf Notizpapier.
Die Zeit in der Prüfung ist knapp. Verwenden Sie gleich den passenden Antwortbogen!

Falls Ihnen diese Aufgabe besser liegt, können Sie auch mit diesem Prüfungsteil beginnen.
Die 75 Minuten Prüfungszeit können Sie selbst einteilen.

So werden die Punkte für *Schreiben* vergeben:

BEWERTUNGSKRITERIEN *SCHREIBEN*

Die schriftlichen Leistungen werden nach den Kriterien Aufgabenerfüllung, Kohärenz, Wortschatz und Strukturen bewertet. Für alle Kriterien gibt es eine fünfstufige Bewertungsskala (A, B, C, D und E):

		A	B	C	D	E
Aufgabenerfüllung Teil 1 & Teil 2	Inhalt, Umfang, Realisierung der Sprachfunktionen (z. B. etwas erklären, Argumente anführen, Vorschläge machen)	alle 4 Sprachfunktionen inhaltlich und umfänglich angemessen	3 Sprachfunktionen angemessen oder 2 angemessen und 2 teilweise	2 Sprachfunktionen angemessen und 1 teilweise angemessen oder alle teilweise	1 Sprachfunktion angemessen oder teilweise	Textumfang weniger als 50 % der geforderten Wortanzahl oder Thema verfehlt
	Register, soziokulturelle Angemessenheit	situations- und partneradäquat	weitgehend situations- und partneradäquat	stellenweise situations- und partneradäquat	kaum noch situations- und partneradäquat	
Kohärenz	Textaufbau (z. B. Einleitung, Schluss), Logik	durchgängig effektiv	überwiegend erkennbar	stellenweise erkennbar	kaum erkennbar	Text durchgängig unangemessen
	Verknüpfung von Sätzen und Satzteilen	angemessen flexibel	überwiegend angemessen	teilweise angemessen	kaum angemessen	
Wortschatz	Spektrum	breit, differenziert	angemessen, stellenweise differenziert	teilweise angemessen oder begrenzt	kaum Variation vorhanden	
	Beherrschung	vereinzelte Fehlgriffe beeinträchtigen den Lesefluss nicht	mehrere Fehlgriffe beeinträchtigen den Lesefluss noch nicht	mehrere Fehlgriffe beeinträchtigen den Lesefluss stellenweise	Fehlgriffe beeinträchtigen das Verständnis erheblich	
Strukturen	Spektrum	breit, differenziert	überwiegend angemessen	teilweise angemessen oder begrenzt	kaum Variation vorhanden	
	Beherrschung (Morphologie, Syntax, Orthografie)	vereinzelte Fehlgriffe beeinträchtigen den Lesefluss nicht	mehrere Fehlgriffe beeinträchtigen den Lesefluss noch nicht	Fehlgriffe beeinträchtigen den Lesefluss teilweise	Fehlgriffe beeinträchtigen das Verständnis erheblich	

Wird das Kriterium *Aufgabenerfüllung* für eine Aufgabe mit E (0 Punkte) bewertet, dann ist das Ergebnis für diese Aufgabe insgesamt 0 Punkte.

Sprechen: Teil 1

- Sie bekommen zwei Vortragsthemen zur Auswahl.
- Nach einer Vorbereitungszeit von 20 Minuten halten Sie einen kurzen Vortrag zu einem Thema.
- Während dieser Vorbereitungszeit müssen Sie sich allerdings auch auf den Teil 2 vorbereiten.
- Im Anschluss an Ihren Vortrag stellt Ihnen die Prüferin / der Prüfer sowie Ihre Gesprächspartnerin / Ihr Gesprächspartner einige Fragen.
- Nachdem Ihre Gesprächspartnerin / Ihr Gesprächspartner ihren / seinen Vortrag beendet hat, müssen auch Sie eine Frage stellen.

Lösungsstrategie: Schritt für Schritt

→ **1. Schritt:** Lesen Sie die beiden Themen.

→ **2. Schritt:** Überlegen Sie, welches Thema Sie am meisten anspricht.

→ **3. Schritt:** Überlegen Sie, ob Sie zu dem gewählten Thema über den entsprechenden Wortschatz verfügen. Lesen Sie auch noch den kurzen Input-Text, der neben der Überschrift das Thema noch etwas vertieft und ggf. auch etwas zum Verständnis beitragen kann bzw. Wortschatzhilfen anbietet.

→ **4. Schritt:** Notieren Sie Stichwörter zu allen Inhaltspunkten aus der Aufgabe und Redemittel zu Ihrem Vortrag.

→ **5. Schritt:** Strukturieren Sie Ihren Vortrag (Einleitung, Hauptteil, Schluss).

→ **6. Schritt:** Präsentieren Sie Ihren Vortrag möglichst frei.

→ **7. Schritt:** Antworten Sie auf die Fragen der Prüferin / des Prüfers sowie Ihrer Gesprächspartnerin / Ihres Gesprächspartners.

→ **8. Schritt:** Hören Sie dem Vortrag Ihrer Gesprächspartnerin / Ihres Gesprächspartners aufmerksam zu und stellen Sie ihr / ihm im Anschluss Fragen.

Sie sollen in der Prüfung frei sprechen. Notieren Sie deshalb nur Stichpunkte und keine ganzen Sätze, die Sie ablesen. Achten Sie auf die Zeit: Ihre Präsentation sollte circa fünf Minuten dauern.

Wenn Sie eine Frage zu Ihrem Vortrag nicht verstanden haben, fragen Sie nach, z. B. „Entschuldigung, das habe ich nicht richtig verstanden. Könnten Sie die Frage bitte wiederholen?"

Sprechen: Teil 2

- Während der Vorbereitungszeit bekommen Sie auf einem Aufgabenblatt ein Diskussionsthema vorgegeben und sollen darüber mit Ihrer Gesprächspartnerin / Ihrem Gesprächspartner diskutieren.
- Dazu erhalten Sie einen kurzen Inputtext und vier Inhaltspunkte, auf die Sie während des Gesprächs eingehen sollten. Sie tauschen Ihre Standpunkte und Argumente aus.
- Während der Diskussion reagieren Sie auf die Argumente Ihrer Gesprächspartnerin / Ihres Gesprächspartners. Sie sollen sich aktiv am Gespräch beteiligen.

Lösungsstrategie: Schritt für Schritt

→ **1. Schritt:** Lesen Sie das Thema.

→ **2. Schritt:** Machen Sie sich Notizen zu den Stichpunkten auf dem Aufgabenblatt.

→ **3. Schritt:** Überlegen Sie sich noch weitere Argumente zum Thema.

→ **4. Schritt:** Notieren Sie Redemittel zu Pro-Kontra-Diskussionen (Meinung ausdrücken, Vor- und Nachteile benennen, eigene Erfahrungen benennen, weitere Argumente anführen …).

→ **5. Schritt:** Diskutieren Sie nun möglichst frei über das Thema. Gehen Sie auch auf die Argumente Ihrer Gesprächspartnerin / Ihres Gesprächspartners ein.

Sie müssen **nicht** zu einem Konsens mit Ihrer Gesprächspartnerin / Ihrem Gesprächspartner kommen.

Das Gespräch soll flüssig und in sich kohärent sein.
Sollte man während des Gesprächs die eigene Meinung etwas ändern, dann kann man auch so etwas sagen wie „Ja, das ist ein überzeugendes Argument, an das ich zunächst gar nicht gedacht habe."

So werden die Punkte für *Sprechen* vergeben:

BEWERTUNGSKRITERIEN *SPRECHEN*

Die mündlichen Leistungen werden nach den Kriterien Aufgabenerfüllung, Kohärenz bzw. Interaktion, Wortschatz, Strukturen bewertet. Für alle Kriterien gibt es eine fünfstufige Bewertungsskala (A, B, C, D und E):

		A	B	C	D	E
Aufgabenerfüllung Teil 1 & Teil 2	Inhalt, Umfang, Realisierung der Sprachfunktionen (z. B. argumentieren, sich einigen)	angemessen	überwiegend angemessen	teilweise angemessen	kaum angemessen	nicht mehr verständlich
Vortrag: Kohärenz	Aufbau	durchgängig effektiv	überwiegend erkennbar	stellenweise erkennbar	kaum erkennbar	
	Verknüpfung von Sätzen und Satzteilen	angemessen	überwiegend angemessen	teilweise angemessen	kaum angemessen	
	Flüssigkeit	natürliche Sprechweise, flüssig	weitgehend flüssig	stockende Sprechweise beeinträchtigt die Kommunikation stellenweise	stockende Sprechweise beeinträchtigt die Kommunikation erheblich	
Vortrag: Fragen/Antworten	Inhaltlich und sprachlich	angemessen	überwiegend angemessen	teilweise angemessen	kaum angemessen	
Diskussion: Interaktion	Gespräch beginnen, in Gang halten, beenden Reaktionsfähigkeit Gesprächsführung	angemessen	überwiegend angemessen	teilweise angemessen	kaum angemessen	
	Register, soziokulturelle Angemessenheit	situations- und partneradäquat	weitgehend situations- und partneradäquat	stellenweise situations- und partneradäquat	kaum noch situations- und partneradäquat	
Wortschatz	Spektrum	breit, differenziert	angemessen, stellenweise differenziert	teilweise angemessen oder begrenzt	kaum Variation vorhanden	
	Beherrschung	vereinzelte Fehlgriffe beeinträchtigen die Kommunikation nicht	mehrere Fehlgriffe beeinträchtigen die Kommunikation noch nicht	mehrere Fehlgriffe beeinträchtigen die Kommunikation stellenweise	Fehlgriffe beeinträchtigen die Kommunikation erheblich	
Strukturen	Spektrum	breit, differenziert	überwiegend angemessen	teilweise angemessen oder begrenzt	kaum Variation vorhanden	
	Beherrschung (Morphologie, Syntax)	vereinzelte Fehlgriffe beeinträchtigen die Kommunikation nicht	mehrere Fehlgriffe beeinträchtigen die Kommunikation noch nicht	mehrere Fehlgriffe beeinträchtigen die Kommunikation stellenweise	Fehlgriffe beeinträchtigen die Kommunikation erheblich	
Aussprache	Satzmelodie Wortakzent einzelne Laute	kaum wahrnehmbare Abweichungen	wahrnehmbare Abweichungen beeinträchtigen die Kommunikation nicht	Abweichungen beeinträchtigen die Kommunikation stellenweise	Abweichungen beeinträchtigen die Kommunikation erheblich	

Zur Arbeit mit dem Testbuch

Sie haben bereits mit dem Übungsbuch trainiert?

Sie sind mit dem Prüfungsformat vertraut?

Im Bereich Grammatik und Wortschatz fühlen Sie sich sicher?

Dann können Sie alle Modelltests bearbeiten und auf die jeweiligen Zeitvorgaben achten.

Sollten Sie noch nicht mit dem Übungsbuch gearbeitet haben oder sich in Bezug auf das Format der Prüfung oder Ihrer sprachlichen Fähigkeiten etwas unsicher fühlen, können Sie auch zunächst mit Modelltest 1 und den dazugehörigen kommentierten Lösungen üben.

Im Anhang finden Sie einen Antwortbogen für die Module *Lesen* und *Hören*.

Kreuzen Sie immer eine Antwort an. Es werden Ihnen keine Punkte für falsche Lösungen abgezogen.

Modelltest 1

Üben

→ Lesen Sie bei jedem Prüfungsteil die genaue Aufgabenstellung.

→ Wenn Sie diese verstanden haben, schauen Sie sich den entsprechenden Prüfungsteil an. Lesen Sie anschließend die Lösungsstrategien zu jedem Prüfungsteil (ab S. 8).

→ Bearbeiten Sie den Prüfungsteil mithilfe der Lösungsstrategien. Finden Sie Ihre eigenen Strategien heraus: Zum Beispiel, welche Schreibaufgabe Ihnen leichter fällt und damit Punkte sichert. Diese sollten Sie zuerst lösen.

→ Tragen Sie dann alle Lösungen zur Übung in den Antwortbogen ein, denn in der Prüfung werden nur die Lösungen auf dem Antwortbogen bewertet. Sie können die Antwortbögen, S. 126–127, für jeden Modelltest kopieren.

→ Die Zeitvorgaben können Sie in dieser Phase vernachlässigen.

→ Falls Sie eine Aufgabe nicht lösen können, schlagen Sie im Lösungsschlüssel nach. Beachten Sie auch die Lösungshinweise im Lösungsschlüssel und versuchen Sie, diese nachzuvollziehen.

→ Arbeiten Sie so wenig wie möglich mit Wörterbuch/Wörter-App oder einem Grammatiknachschlagewerk.

→ Punkte und Bewertungen interessieren in dieser Übungsphase noch nicht.

vorgeschlagene Arbeitszeit: **10 Minuten**

Teil 1

Sie lesen in einer Zeitschrift einen Artikel über das Phänomen Jugendsprache.
Wählen Sie für jede Lücke die richtige Lösung.

Jugendkommunikation

WAS JUGENDSPRACHE AUSMACHT

Jedes Jahr wird in Deutschland aus der Jugendsprache das Jugendwort des Jahres gewählt. Aber was genau ist Jugendsprache?

Jugendliche legen in der Mehrzahl Wert auf Spaß sowie Unterhaltung und streben einen unkomplizierten Umgang mit Gleichaltrigen an, **Beispiel 0** sich auch sprachlich ausdrückt. Gleichzeitig ist die heutige Jugend 1 ... der wachsenden Toleranz, aber auch Gleichgültigkeit der Erwachsenenwelt, mehr denn je gezwungen, immer ausgefallenere Jugendkulturen hervorzubringen, will sie sich doch gegenüber der Gesellschaft und insbesondere den Erwachsenen abgrenzen. 2 ... zeigt sich in der Ausübung immer extremerer Sportarten, in skurrilen Kleidungsstilen und letztendlich auch in ausgefallenen Sprechweisen.

Nach Meinung 3 ... Sprachforschenden handelt es sich bei der Jugendsprache – oder richtiger *den* Jugendsprachen – um eine Sonderform der Landessprache, da sie eine soziale Funktion hat und ihre Nutzer*innen auch die übergeordnete Standardsprache beherrschen. Die verschiedenen Sprechweisen der Jugendlichen lassen sich deshalb linguistisch gesehen nicht als Sprache(n) 4 ..., weil unter Sprache ein Zeichengefüge mit eigener Grammatik, differenziertem Wortschatz und normativer Gültigkeit verstanden wird. Dessen ungeachtet ist in der Literatur weiterhin von *der* Jugendsprache die Rede.

Interessanterweise sind Wörter aus Jugendsprachen vergangener Generationen in das Standarddeutsch eingeflossen und werden kaum noch als umgangssprachlich, geschweige denn jugendsprachlich, wahrgenommen. Wörter 5 ... *Blamage*, *Pech* oder *mogeln* entstammen der Studentensprache des 18. und 19. Jahrhunderts. Die damaligen Studierenden wollten sich vor allem sprachlich vom Spießbürgertum unterscheiden. Das gemeinsame Singen von derben Studentenliedern mit Beschimpfungen und Beleidigungen erinnert stark 6 ... die heutige Rapper-Szene. Selbst Goethe hat sich mit der Sprechweise der Studierenden seinerzeit beschäftigt. Er notierte Wörter wie *patent* (tüchtig) oder *Saupech* (großes Missgeschick). 7 ... ist die äußerst produktive Vorsilbe *sau-* bemerkenswert, wird sie doch auch heute gerne noch zur Bedeutungsverstärkung des Grundwortes benutzt, z. B. in *saukomisch* (sehr komisch) oder *saublöd* (äußerst blöd).

Wendet man sich der heutigen Sprechweise der Jugendlichen zu, so fällt auf, dass die Anzahl der Wörter aus dem Englischen, Arabischen und Türkischen immer weiter zunimmt, dass Präpositionen und Artikel weggelassen werden und Bedeutungsverschiebungen 8 ... sind. Beispielsweise wird ein kleiner Junge als Bonsai bezeichnet, wodurch das Wort *Bonsai* zur eigentlichen Bedeutung eine weitere erhält. Sicher ist eins: An Phantasie fehlte und fehlt es den Jugendlichen nicht.

Beispiel:

	a	b	c	d
0	a dass	b die	c mit dem	☒ d was
1	a aufgrund	b durch	c infolgedessen	d weil
2	a Daraus	b Das	c Deshalb	d Welches
3	a massenhafter	b umfangreicher	c unzählbarer	d zahlreicher
4	a angeben	b ausdrücken	c bezeichnen	d nennen
5	a als	b beispielsweise	c etwa	d wie
6	a an	b für	c über	d von
7	a Hieraus	b Hierbei	c Währenddessen	d Wobei
8	a gang und gäbe	b im Gange	c in Gang gekommen	d unter die Haut gegangen

vorgeschlagene Arbeitszeit: **20 Minuten**

Teil 2

Sie lesen im Internet einen Artikel über Epigenetik.
Wählen Sie bei jeder Aufgabe die richtige Lösung.

EPIGENETIK

Der Einfluss der Umwelt auf unsere Gene

Dass menschliche Beziehungen nachhaltigen Einfluss auf unser Leben und somit auch auf unsere Gesundheit haben, ist nicht neu. Zu wenig Liebe und Zuneigung in der frühen Lebensphase eines Babys kann später zu Bindungsproblemen und auch nachweisbar zu Störungen im Stresshormonsystem führen. Aber warum ist das so? Ein Wissenschaftszweig, die Epigenetik, bringt nun Licht ins Dunkel und zeigt, dass unsere Gene nicht als feste Größe oder Schicksal, das wir nicht beeinflussen können, anzusehen sind.

Nachdem im Jahre 2000 das Humangenom, also der genetische menschliche Bauplan, entziffert worden war, weckte dies viele Hoffnungen auf Heilung schwerer psychischer und physischer Krankheiten. Eine Hoffnung, die sich nicht erfüllte, hatte man doch damals noch keinen Einblick in die Tatsache, dass Gene nicht nur steuern, sondern auch gesteuert werden. Unbekannt war zunächst auch, warum bei zwei Menschen mit dem gleichen genetischen Bauplan der eine schwere Krankheiten bekommt und der andere nicht oder weshalb der eine mit Stress gut umgehen kann und der andere nicht.

Hier kommt die Epigenetik ins Spiel. Das Wort Epigenetik setzt sich aus den Wörtern Genetik, der Wissenschaft von der Vererbung, und Epigenese, also der Entwicklung eines Lebewesens, zusammen. Dieser neue Wissenschaftszweig stellt das Bindeglied zwischen Umwelteinflüssen und Genen dar: Unter welchen Umständen wird welches Gen ein- oder stummgeschaltet? Dazu untersuchte ein spanisches Forschungsteam eineiige Zwillingspaare im Altersspektrum von drei bis 74 Jahren und fanden heraus, dass sich die jüngsten Zwillinge in ihrem epigenetischen Code kaum unterschieden, im Gegensatz zu den ältesten Zwillingen, bei denen es immense Unterschiede gab. Folglich spielen die Lebensgewohnheiten, Lebensumstände und Erfahrungen eine große Rolle dabei, welche Gene aktiv sind und welche nicht.

Doch können wir Menschen das Ein- und Ausschalten von Genen beeinflussen? Epigenetiker*innen bejahen dies: Beispielsweise ist schon seit Langem die positive Wirkung von grünem Tee bekannt, senkt doch dessen regelmäßiger Genuss die Zahl der Krebserkrankten, wie eine Studie aus Japan zeigt. Wird der Tee aufgebrüht, löst sich dabei ein Stoff, der bei Verzehr ein Gen mit Antikrebs-Wirkung reaktiviert, welches vor allem bei älteren Menschen vorher stummgeschaltet war. Bei Bienen machte man die Entdeckung, dass bei der Fütterung einer Larve mit Gelée royal eine fruchtbare Bienenkönigin entsteht, da stummgeschaltete Gene reaktiviert wurden. Arbeiterbienen hingegen entstehen aus Larven, die mit einer Art Honig-Pollen-Brei gefüttert wurden, welcher zur Sterilität, also Unfruchtbarkeit, führt.

Zahlreiche Krankheiten wie Demenz haben eine genetische Komponente, die das Risiko erhöht, diese Krankheit auch tatsächlich zu bekommen. Doch diese Komponente ist kein Schicksal. Mit viel Bewegung und einer guten Bildung kann man schon in jungen Jahren gegen das Risiko ankämpfen, später dement zu werden. Ein Pluspunkt für die Epigenetik, denn sie unterstreicht ja gerade frühe Umwelteinflüsse auf die Genaktivität und zeigt, wie diese den Organismus prägt. Somit liefert die epigenetische Forschung gute Argumente dafür, das eigene Leben und den Lebensstil bewusst zu gestalten, da wir unseren Genen eben nicht hilflos ausgeliefert sind.

Neben der Ernährung, dem Sport und dem Bildungsgrad spielen auch Traumata eine große Rolle und können sogar weitervererbt werden, wie Epigenetiker*innen herausfanden. Hat eine bestimmte Generation über längere Zeit z. B. eine Hungersnot durchgemacht, dann leidet der spätere Nachwuchs schon in jungen Jahren überdurchschnittlich häufig an psychischen Erkrankungen, Übergewicht und an Alterskrankheiten wie Herzproblemen und Diabetes, wenn er während der Phase des Notleidens im Mutterleib heranwuchs. Selbst die Söhne von Müttern aus der Hungersnot hatten noch überdurchschnittlich übergewichtigen Nachwuchs. Das Bestreben der Mütter, während der Hungersnot Fettreserven anzulegen, wirkte sich augenscheinlich auch auf deren Enkel aus.

Eigentümlicherweise konnte man diese Beobachtungen nicht bei den Töchtern dieser Mütter feststellen. So gibt es Wissenschaftler*innen, die eine epigenetische Vererbung vehement bestreiten und das damit begründen, dass die diesbezüglichen Studien Probleme in ihrer Durchführung und somit auch in ihrer Interpretierbarkeit aufwiesen. Außerdem würden sich die an Tieren durchgeführten Experimente nicht einfach auf den Menschen übertragen lassen. Nichtsdestotrotz messen die Verfechter*innen der Epigenetik diesem Forschungszweig große Bedeutung bei und halten es für gewiss, dass die Epigenetik dazu beitragen wird, Krankheiten in Zukunft noch besser verstehen und behandeln zu können und der Medizin neue Wege zu eröffnen.

9 Welche Folgen kann fehlende Geborgenheit für einen Säugling haben?

- [a] Er kann später Belastungen schwieriger handhaben.
- [b] Seine Gene können verändert werden.
- [c] Sein Körper kann zu viele Stresshormone produzieren.

10 Die Entzifferung des menschlichen Bauplans …

- [a] bewies, dass Gene gelenkt werden können.
- [b] enttäuschte viele Erwartungen.
- [c] erklärte, weshalb bestimmte Menschen erkranken.

11 Das spanische Forschungsteam bewies, dass …

- [a] man Gene aktivieren und deaktivieren kann.
- [b] schon junge Zwillinge enorme Abweichungen beim epigenetischen Code haben.
- [c] sich der epigenetische Code im Laufe des Lebens verändert.

12 Mithilfe der Epigenetik …

- [a] ging die Anzahl von Krebspatienten zurück.
- [b] konnte man unfruchtbare Bienen wieder fruchtbar machen.
- [c] konnten bestimmte Phänomene erklärt werden.

13 Demenz …

- [a] kann man entgegenwirken.
- [b] lässt sich auch noch im Alter verhindern.
- [c] wird durch frühe Umwelteinflüsse geprägt.

14 Was fand die Wissenschaft in Bezug auf Traumata heraus?

- [a] Die Betroffenen haben im Alter häufig Herzprobleme und Diabetes.
- [b] Mütter mit Traumata leiden u. a. an Übergewichtigkeit.
- [c] Sie können bis in die übernächste Generation weitergegeben werden.

15 Was behaupten die Gegnerinnen und Gegner der epigenetischen Vererbungstheorie?

- [a] Die Organisation und Deutung der Untersuchungen seien fraglich.
- [b] Die Seriosität von Experimenten mit Tieren müsse hinterfragt werden.
- [c] Die Untersuchungen würden sich nur auf den männlichen Nachwuchs beziehen.

vorgeschlagene Arbeitszeit: **20 Minuten**

Teil 3

Sie lesen in einer populärwissenschaftlichen Zeitschrift einen Kommentar.
Welche Sätze passen in die Lücken? Zwei Sätze passen nicht.

Orchideenfächer – der Realität entrückt?

In den letzten Jahren werben immer mehr Universitäten und Hochschulen für das Studium von Orchideenfächern, die abseits der konventionellen Fächer angeboten werden. So kann man in Göttingen Aboristik studieren, wo es um den Schutz und die Pflege von Grünflächen und Bäumen in der Stadt geht. [Beispiel 0] Neumodischer Schnickschnack oder klar berechnetes Kalkül?

Orchideen sind Pflanzen, die zwar schön aussehen und oft sehr teuer sind, aber für den Menschen scheinbar keinen praktischen Nutzen haben. So kam es zu der Bezeichnung *Orchideenfächer*, da diese Studienfächer finanziell für die Universitäten sehr aufwändig sind, aber keinen unmittelbaren Vorteil zu haben scheinen. Hinzu kommt die Ungewissheit, später einen Job mit dieser Spezialisierung zu finden. [16 ...] Oder sollte man diese Fächer nicht einfach ganz abschaffen?

Natürlich fragt sich so mancher bei Studienrichtungen wie Coffeemanagement oder Master of Desaster, ob man das wirklich braucht. [17 ...] Im Studienfach Master of Desaster lernt man nämlich Katastrophenmanagement. Wie oft sind Behörden und Regierungen nach Naturkatastrophen wie einem Tsunami oder Erdbeben heillos überfordert? Die Studentinnen und Studenten lernen in solchen Fällen Prioritäten zu setzen und die Unterstützung zu koordinieren.

Nicht viel anders sieht es mit dem neuen, in Bamberg angebotenen Fach Vegan Food Management aus, wofür die Studierenden schon mal 560 Euro pro Monat hinblättern. [18 ...] Oder sind solche Studienrichtungen doch keine brotlose Kunst? Immerhin ernährt sich schon fast eine Million Deutsche vegan und Ernährungsberaterinnen und -berater sowie Managerinnen und Manager in der Lebensmittelbranche und Gastronomie sind gesuchter denn je, gerade im vegetarischen oder veganen Bereich. Während des Studiums stehen Fächer wie Betriebswirtschaftslehre, Volkswirtschaft, Marketing, aber auch Ernährungslehre und Ernährungsmedizin auf dem Programm. Obendrein lernen die Studierenden auch viel über Tierschutz, ein Thema, das in Deutschland auf immer größeres Interesse stößt. Es handelt sich also um ein Studienfach mit guten Jobaussichten, denn kein Lebensmittelunternehmen kommt mehr daran vorbei, vegane Produkte anzubieten.

Was die Vorteile von Orchideenfächern noch ausmacht ist die Tatsache, dass sie an weniger als zehn Prozent der Universitäten gelehrt werden oder an der Hochschule mit höchstens drei Professoren vertreten sind. [19 ...] Gewährleistet doch die geringe Zahl an Studierenden eine gute Betreuungsrelation zwischen Studierenden und Dozierenden. [20 ...] Nicht zu vergessen, dass diese Studienfächer einen hohen Spezialisierungsgrad aufweisen und die Studierenden zu wahren Expertinnen und Experten werden, was die Chancen auf dem Arbeitsmarkt erhöht.

Entscheidet man sich für ein Studium eines Orchideenfaches an einer öffentlichen Bildungseinrichtung, kommen zudem in der Regel geringere Lebenshaltungskosten auf einen zu. [21 ...] Auch die Wohnungssuche im Allgemeinen gestaltet sich oft einfacher als in Ballungsgebieten, da generell mehr Wohnraum zur Verfügung steht.

Studierende, die eine wissenschaftliche Karriere anstreben, können sich den Sprachwissenschaften zuwenden. [22 ...] Diese Fächer sind meist auf eine wissenschaftliche Laufbahn ausgelegt und legen den Fokus auf die Forschung. Aber auch ohne Ambitionen im wissenschaftlichen Bereich kann man sich Orchideenfächern widmen, indem man beispielsweise Sinologie und Betriebswirtschaft miteinander kombiniert. [23 ...] Denn wer kann schon chinesische Sprachkenntnisse und wirtschaftswissenschaftliches Wissen gleichzeitig anbieten?

Übrigens: Hochschulpolitisch sagt man mittlerweile „kleine Fächer" und nicht mehr Orchideenfächer, da die blumige Beschreibung die Konnotation der Nutzlosigkeit in sich trägt.

Beispiel:

0 Oder in Kiel Friesologie, ein Fach, das sich mit der friesischen Kultur und Sprache beschäftigt.

a Beschäftigt man sich aber näher mit diesen Fächern, so wird klar, dass auch sie ihre Existenzberechtigung haben.

b Das sind junge Studentinnen und Studenten, die praktisch Pionierarbeit leisten und später in die Unternehmen gehen werden.

c Hier gibt es eine Fülle an Orchideenfächern, wie Onomastik (Namenskunde) oder Sinologie (Chinesische Philologie).

d Die Frage ist also, ob es sinnvoll ist, sich für ein Orchideenfach zu entscheiden.

e Denn überlastete Lehrende kennt man in Massenstudiengängen zur Genüge, aber nicht bei Orchideenfächern.

f Das klingt vielleicht wie ein Nachteil, kann aber eine echte Chance sein.

g So wird man nämlich zum gefragten Experten auf dem Arbeitsmarkt.

h Nicht wenig für ein Fach mit angeblich geringen Zukunftschancen.

i Es handelt sich hier einfach nur um eine spezielle Fachrichtung.

j Diese Studienfächer werden nämlich selten in Metropolen mit ihren horrenden Mietpreisen angeboten.

vorgeschlagene Arbeitszeit: **15 Minuten**

Teil 4

Sie lesen in einer Fachzeitschrift Beiträge von Kunstexpertinnen und Kunstexperten.
Wählen Sie bei jeder Aussage: Wer äußert das? Zwei Aussagen passen nicht. Markieren Sie in diesem Fall 0.

Beispiel:

0 Auch Kunst ist den vorherrschenden Marktmechanismen unterworfen. [a]

24 Die Vorlieben auf dem Kunstmarkt werden sich auch in Zukunft immer wieder ändern. [ ]

25 Moderne Kunst erzielt trotz allgemeiner Geringschätzung enorme Preise. [ ]

26 Den Kunstschaffenden der Moderne geht es nicht mehr um die Abbildung der realen Welt. [ ]

27 Viele gutbetuchte Käuferinnen und Käufer betrachten Kunst als Investition. [ ]

28 Die finanziellen Ausgaben schlagen sich im Preis des Objekts nieder. [ ]

29 Durch finanzielle Unabhängigkeit ist man frei von den Erwartungen anderer. [ ]

30 Der Wandel in der Kunstszene führte zu einem eklatanten Preisanstieg. [ ]

Zukunftsfragen unserer Gesellschaft

Moderne Kunst und ihr Markt

a Zoran Jovanovic, Galerist
Es ist doch ganz einfach: Wie jede andere Ware unterliegen auch Kunstobjekte dem Prinzip von Angebot und Nachfrage. Will der Kunstschaffende seine Ware verkaufen, ergibt sich automatisch die Frage, welchen Preis er oder sie für den Kunstgegenstand verlangen kann. Der Geldwert wird nicht nur durch Größe, Aufwand und Materialien bestimmt, sondern auch durch den Bekanntheitsgrad des Objekts oder des Kunstschaffenden. Alle Kosten, die bei der Entstehung des Kunstobjekts anfallen, also z. B. Arbeitszeit, Material, Werbung, Transport, Galerie- und Ausstellungskosten, Mieten, Lebenshaltungskosten und Versicherungen, müssen aufgeschlagen werden, da es selten Massenproduktionen von Kunstobjekten gibt. Wird ein Werk verkauft, so bekommen Galerist*innen und Kunsthändler*innen Provisionen. Verständlicherweise können demnach nur wenige Kunstschaffende vom Verkauf ihrer Kunst leben. Nur wer hochdotierte Kunstpreise bekommt, vielleicht noch eine Professur hat, über die notwendige mediale Aufmerksamkeit verfügt und in bekannten Museen ausstellt, darf auf dem Kunstolymp Platz nehmen. Kunden der teuren Kunst gibt es jedoch immer mehr, da die Kluft zwischen Arm und Reich stets größer wird, was auch zu mehr Millionären führt, die gern ein kleines Vermögen für ein Kunstwerk als lohnenswerte Kapitalanlage ausgeben.

b Andrea Huebner, Bildhauerin und Malerin
Häufig werde ich gefragt, weshalb meine Bilder so preiswert seien. Das gelingt mir, da ich mir einfach ein zweites Standbein geschaffen habe, indem ich in meinem Atelier junge, talentierte Künstlerinnen und Künstler ausbilde, dadurch Freude an der Kunst vermittle und so genügend Geld verdiene, um davon leben zu können. Ich bin nicht auf Galerien und Ausstellungen angewiesen, was meine Kosten enorm senkt, denn so spare ich Werbung, Provisionen, Mieten usw. Auf diese Weise kann ich meinen künstlerischen Weg konsequent verfolgen, ohne auf die Wünsche zahlungskräftiger Kunden eingehen zu müssen. Ich wollte nie von meiner Kunst leben, denn unter diesem Existenzdruck könnte ich nicht kreativ arbeiten. Künstler verdienen in Deutschland im Durchschnitt ca. 11.000 Euro im Jahr. So gibt es Künstler, die am Existenzminimum leben müssen. Wenn da der Partner oder die Partnerin nicht durch ein geregeltes Einkommen helfen kann, ist ein Überleben fast unmöglich.

c Sithembile Meinhardt, Kunsthistorikerin
Moderne Kunst ist leider teuer. Ob total weiße Leinwand oder abstrakte Gemälde mit scheinbar wahllos zusammengemixten Farben: So etwas kann Millionen kosten. Modern Art umfasst den Zeitrahmen von 1870 bis 1970 und ist sehr breit gefächert. Erwähnt man aber die Kunstepoche gegenüber Straßenpassanten, so stellen sich viele nur eine wilde Kleckserei vor und schütteln missbilligend den Kopf. Geschuldet ist diese Auffassung von Moderner Kunst der Tatsache, dass die Künstlerinnen und Künstler nicht mehr naturgetreu darstellen mussten. Dafür gab es ja bereits die Fotografie. So erfuhren die Kunstschaffenden eine Art Befreiung, denn sie konnten nun wählen, warum und wie sie etwas darstellen wollten. Kunst wurde konzeptioneller und anspruchsvoller. Aber diese Veränderung kam nicht bei allen gut an. Umfragen ergaben, dass die Mehrzahl der Bevölkerung moderne Kunstwerke ablehnt; dennoch erreichen viele dieser Werke einen hohen Geldwert. Das liegt natürlich auch daran, dass echte Meisterwerke, egal aus welcher Epoche, selten sind.

Circa 40 Minuten für Hören Teil 1 bis 4

1 **Teil 1**

Sie hören einen Podcast über neue Bücher.

Sie hören den Text ***einmal****. Wählen Sie bei jeder Aufgabe, zu welchem Buch die Aussage passt.*
Lesen Sie jetzt die Aufgaben 1 bis 6. Dazu haben Sie 60 Sekunden Zeit.

Beispiel:

0 Das Buch thematisiert die Grundeinstellung zur Natur.

[X] a Buch 1 – Ein Alien im Wald   [ ] b Buch 2 – Wald der Zukunft   [ ] c Buch 3 – Quo vadis, Wald?

1 Es beschreibt die Funktionsweise des Waldes.

a Buch 1   b Buch 2   c Buch 3

2 Man erfährt etwas darüber, wie die Natur auf den Klimawandel reagiert.

a Buch 1   b Buch 2   c Buch 3

3 In dem Buch geht es um die Annäherung an die Natur.

a Buch 1   b Buch 2   c Buch 3

4 Vor der Verharmlosung des Klimawandels wird gewarnt.

a Buch 1   b Buch 2   c Buch 3

5 Es thematisiert die Ursachen des Waldsterbens.

a Buch 1   b Buch 2   c Buch 3

6 Es werden auch zwischenmenschliche Beziehungen beschrieben.

a Buch 1   b Buch 2   c Buch 3

2

Teil 2

Sie hören ein Radiointerview mit einer Persönlichkeit aus der Wissenschaft.

*Sie hören den Text **zweimal**. Wählen Sie bei jeder Aufgabe die richtige Lösung. Lesen Sie jetzt die Aufgaben 7 bis 15. Dazu haben Sie 60 Sekunden Zeit.*

7 Frau Avar arbeitet an einer genauen Begriffsbestimmung für Intelligenz.
[a] stimmt [b] stimmt nicht [c] dazu wird nichts gesagt

8 Mathematische Fähigkeiten sind ein Indiz für Intelligenz.
[a] stimmt [b] stimmt nicht [c] dazu wird nichts gesagt

9 Frau Avar hat herausgefunden, dass eine hohe Intelligenz verschiedene Arten von Intelligenz voraussetzt.
[a] stimmt [b] stimmt nicht [c] dazu wird nichts gesagt

10 Die verschiedenen Arten von Intelligenz müssen in ihrer Interaktion betrachtet werden.
[a] stimmt [b] stimmt nicht [c] dazu wird nichts gesagt

11 In der Antike war man der Auffassung, dass Intelligenz eng an natürliche Begabung gekoppelt ist.
[a] stimmt [b] stimmt nicht [c] dazu wird nichts gesagt

12 Untersuchungen zeigten, dass man die Intelligenz von Frauen unterschätzt.
[a] stimmt [b] stimmt nicht [c] dazu wird nichts gesagt

13 Bei der Einschätzung von Intelligenz spielt auch der Ausdruck von Emotionen eine Rolle.
[a] stimmt [b] stimmt nicht [c] dazu wird nichts gesagt

14 Frau Avar behauptet, dass Attraktivität und Karriere einander bedingen.
[a] stimmt [b] stimmt nicht [c] dazu wird nichts gesagt

15 Man kann laut Lale Avar den Intelligenzgrad im Laufe des Lebens steigern.
[a] stimmt [b] stimmt nicht [c] dazu wird nichts gesagt

3

Teil 3

Sie hören ein Gespräch mit mehreren Personen über Eignungstests während der Bewerbungsphase.

Sie hören den Text in vier Abschnitten jeweils ***einmal****. Zu jedem Abschnitt gibt es zwei Aufgaben. Wählen Sie bei jeder Aufgabe die richtige Lösung. Vor dem Hören eines Abschnitts haben Sie 30 Sekunden Zeit, um die zwei Aufgaben zu lesen.*

16 Frau Kurth kritisiert, dass es bei Eignungstests oft …

- a an Sachkunde und Kompetenz fehlt.
- b an sensibilisiertem Personal mangelt.
- c Fehler bei der maschinellen Auswertung gibt.

17 Herr Werner behauptet, dass man mit Eignungstests …

- a Einsicht in das wahre Gefühlsleben gewinnen möchte.
- b herausfinden will, wie jemand unter Druck reagiert.
- c nur schwer ein umfassendes Bild der Kandidatin oder des Kandidaten bekommt.

18 Die Personalberaterin plädiert für …

- a die Entwicklung neuer, geeigneter Testverfahren.
- b eine Gesetzesvorgabe für Eignungstests.
- c eine gute Vorbereitung auf heikle Situationen.

19 Qualitätsstandards für Eignungstests …

- a sehen vor, dass auch Psychologinnen und Psychologen zugegen sind.
- b sind für die Unternehmen verpflichtend.
- c werden von zahlreichen Unternehmen gemieden.

20 Die Vorteile von Eignungstests betreffen …

- a das Erkennen von rationalem Denken bei den Kandidatinnen und Kandidaten.
- b die Fairness den Kandidatinnen und Kandidaten gegenüber.
- c die für die Kandidatinnen und Kandidaten adäquaten Testaufgaben.

21 Herr Werner meint, dass die Bewerberinnen und Bewerber …

- a mithilfe dieser Tests die eigene Kompetenz besser einschätzen können.
- b sich den Anforderungen der Tests nicht gewachsen fühlen.
- c während dieser Tests lernen, besser mit Stress umzugehen.

22 Soft Skills kann man ausbauen, indem man …

- [a] beim Unternehmen nachfragt, welche Fähigkeiten erforderlich sind.
- [b] für sich selbst einen Fragebogen erstellt.
- [c] um Einschätzung seiner Kompetenzen durch andere bittet.

23 Für psychologische Personaltests gilt:

- [a] Bei einer Einstellung müssen die Daten gelöscht werden.
- [b] Jede Testperson darf das eigene Resultat einsehen.
- [c] Wichtige Daten muss man der Personalleitung vorher mitteilen.

4

Teil 4

Sie hören einen Vortrag über den Einfluss der Farben auf den Menschen und die Gesellschaft.

*Sie hören den Text **zweimal**. Wählen Sie bei jeder Aufgabe die richtige Lösung. Lesen Sie jetzt die Aufgaben 24 bis 30. Dazu haben Sie 90 Sekunden Zeit.*

24 Die Farben in der Natur …

a lenken unser Verhalten.

b nahmen unsere Vorfahren anders wahr.

c werden von Kindern anders empfunden.

25 Emotionale Reaktionen auf Farben …

a ähneln sich unabhängig vom Kulturkreis.

b basieren auf kultureller Prägung.

c sind von der Natur vorgegeben.

26 Farben …

a dienen als Unterscheidungsprinzip.

b sind eine feste Substanz.

b sind während der Evolution gleichzeitig entstanden.

27 Rot …

a wandelte sich vom Symbol der Herrschenden zum Symbol der unteren Schichten.

b wurde selbst im 19. Jahrhundert noch unter großem Aufwand produziert.

c wurde zur Unterscheidung der Parteien genutzt.

28 Welcher Unterschied zwischen Männern und Frauen wird angesprochen?

a Frauen sind häufiger von einer Farbsehschwäche betroffen.

b Männer erkennen feine graduelle Farbunterschiede weniger gut.

c Männer sind bei der Farberkennung evolutionär im Vorteil.

29 Der Schmuckstein Lapislazuli wurde im Altertum …

a auf mehreren Kontinenten entdeckt.

b mehr geschätzt als Gold.

c zum Impuls der bevorstehenden Globalisierung.

30 Warum verwenden Werbestrategen oft Blau?

a Dieser Farbe geben die meisten Menschen den Vorzug.

b Sie können so die verschiedenen Branchen kategorisieren.

c Sie möchten die Verbraucher emotional beeinflussen.

vorgeschlagene Arbeitszeit: **50 Minuten**

Teil 1

Für das Internetforum *Neue Arbeitsmethoden* verfassen Sie einen Diskussionsbeitrag zu diesem Thema:

Home-Office oder Arbeitsplatz im Büro einer Firma?
Wo lässt es sich besser arbeiten?

- Erklären Sie, unter welchen Bedingungen sich ein Arbeitgeber für Home-Office aussprechen sollte.
- Erläutern Sie mögliche Argumente des Arbeitgebers gegen Home-Office.
- Erläutern Sie Vorteile für Arbeiten im Büro einer Firma.
- Nennen Sie Beispiele für Berufsgruppen, für die Home-Office nicht möglich ist.

Schreiben Sie circa **230** Wörter.

vorgeschlagene Arbeitszeit: **25 Minuten**

Teil 2

Sie und Ihr Teamleiter Herr Lehmann sollen in der nächsten Woche gemeinsam ein neues Produkt präsentieren. Ihr Teamleiter sollte Ihnen schon vor einer Woche eine Grobplanung für die Präsentation schicken, die Sie bisher – trotz wiederholter Nachfrage – noch nicht erhalten haben. Schreiben Sie eine E-Mail an Ihren Teamleiter.

- Eröffnen Sie Ihr Schreiben höflich, indem Sie Verständnis für die Verzögerung zeigen.
- Nennen Sie Probleme, die durch sein Verhalten entstehen können.
- Beschreiben Sie mögliche Konsequenzen, sollte die Präsentation nicht erfolgreich sein.
- Machen Sie einen Vorschlag für das weitere Vorgehen.

Schreiben Sie circa **120** Wörter.

Für Teil 1 und Teil 2 gilt:
Bei der Bewertung wird darauf geachtet, wie genau die Inhaltspunkte bearbeitet sind, wie korrekt der Text ist und wie gut die Sätze und Abschnitte sprachlich miteinander verknüpft sind.

Dauer: circa **7 Minuten**

5

Teil 1 – einen Vortrag halten

Wählen Sie aus den beiden Themen **ein Thema** aus.

Thema 1

Sie nehmen an einem Seminar zu Umweltfragen teil und halten einen kurzen Vortrag zu dem von Ihnen gewählten Thema. Ihre Gesprächspartnerinnen/Gesprächspartner hören zu und stellen Ihnen anschließend Fragen dazu.

Sollte man den Einsatz von Feuerwerkskörpern verbieten?
Nicht nur an Silvester, auch zu anderen Anlässen wie Hochzeiten oder Jubiläen zünden Feiernde gern ein Feuerwerk. Obwohl viel bestaunt, wird auch immer häufiger Kritik gegen Raketen und Böller laut, und dies nicht nur von Umweltschützern.

- Geben Sie ein Beispiel für den Einsatz von Feuerwerkskörpern.
- Argumentieren Sie für oder gegen das Abfeuern von Feuerwerkskörpern.
- Äußern Sie sich: Sollten Städte und Gemeinden mit Maßnahmen gegen Feuerwerkskörper reagieren? Begründen Sie Ihre Meinung.
- Machen Sie einen Vorschlag, welche Alternative es zu Feuerwerken geben könnte.

Thema 2

Sie nehmen an einer Veranstaltung zu aktuellen Themen teil und halten einen kurzen Vortrag zu dem von Ihnen gewählten Thema. Ihre Gesprächspartnerinnen/Gesprächspartner hören zu und stellen Ihnen anschließend Fragen dazu.

Sollten Erstwählerinnen und -wähler einen Pflichtkurs in Landeskunde und Politik absolvieren?
Fragt man Wählerinnen und Wähler nach dem Inhalt des Parteiprogramms der von ihnen gewählten Partei, so bekommt man oft nur unbefriedigende Antworten. Deshalb fordern u. a. Politikwissenschaftler einen Pflichtkurs in Landeskunde und Politik. Der Vorwurf steht im Raum, dass die Erstwählerinnen und -wähler sich stärker daran orientieren, wie sich ein Politiker auf sozialen Netzwerken präsentiert, als am Parteiprogramm.

- Geben Sie ein Beispiel aus dem Freundes- oder Familienkreis.
- Argumentieren Sie für oder gegen einen solchen Pflichtkurs.
- Gehen Sie auf die Situation in Ihrem Heimatland oder einem anderen Land ein.
- Erläutern Sie andere Möglichkeiten, wie man Menschen an mehr Hintergrundwissen heranführen kann.

Gehen Sie auf alle vier Punkte ein und achten Sie darauf, Ihren Vortrag gut zu strukturieren. Sprechen Sie circa 5 Minuten und beantworten Sie danach Fragen.

Diskussion für beide Teilnehmende: circa **5 Minuten**

6

Teil 2 – eine Diskussion führen

Sie diskutieren mit einer Freundin / einem Freund über das Thema *Bilinguale Erziehung*.

Ein gemeinsamer Freund möchte, dass seine Kinder bilingual aufwachsen. Kürzlich haben Sie etwas zum Thema in einer Zeitschrift gelesen und diskutieren nun darüber.

Bilinguale Erziehung
Plätze in einem zweisprachigen Kindergarten sind begehrt. Das ist in einer Welt, in der im Berufsleben Fremdsprachen immer wichtiger werden, nicht verwunderlich. Viele Eltern befürchten jedoch, dass sie ihr Kind schon in jungen Jahren überfordern.

- Kommentieren Sie: Was halten Sie von bilingualer Erziehung?
- Begründen Sie Ihre Haltung zur bilingualen Erziehung.
- Gehen Sie auf die Situation in Ihrem Heimatland oder einem anderen Land ein.
- Einigen Sie sich auf Argumente für ein Gespräch mit Ihrem Freund.

Diskutieren Sie gemeinsam circa 5 Minuten.

Lesen

- Insgesamt haben Sie für das Modul *Lesen* 65 Minuten. Wie viel Zeit Sie sich für jeden Teil nehmen und in welcher Reihenfolge Sie die Aufgaben bearbeiten, entscheiden Sie selbst.
- Wenn Sie sich für die gedruckte Version der Prüfung entschieden haben, dann übertragen Sie am Ende Ihre Lösungen 1 bis 30 auf den **Antwortbogen *Lesen***.
- Beachten Sie auch die Hinweise und Lösungsstrategien zum **Modul *Lesen***, Seite 8.

Lesen, Teil 1

Information: In **Teil 1** müssen Sie einen Text rekonstruieren, indem Sie fehlende Wörter ergänzen. Dabei stehen Ihnen vier Auswahlantworten (a, b, c, d) zur Verfügung. Bei der Textsorte handelt es sich um einen populärwissenschaftlichen oder informativen Pressetext zu den Themenbereichen Forschung, Wissenschaft oder Innovationen.

	a	b	c	d
0				x
1	x			
2		x		
3				x
4			x	
5				x
6	x			
7		x		
8	x			

0d
was
→ „Jugendliche legen in der Mehrzahl Wert auf Spaß sowie Unterhaltung und streben einen unkomplizierten Umgang mit Gleichaltrigen an, **was** sich auch sprachlich ausdrückt."
Hier leitet das Pronomen ***was*** einen Relativsatz ein. Der Relativsatz bezieht sich in diesem Fall nicht auf ein bestimmtes Nomen, sondern auf die Gesamtaussage des Hauptsatzes davor: Was drückt sich sprachlich aus? Dass Jugendliche in der Mehrzahl Wert auf Spaß sowie Unterhaltung legen und einen unkomplizierten Umgang mit Gleichaltrigen anstreben.

1a
aufgrund
→ „Gleichzeitig ist die heutige Jugend **aufgrund** der wachsenden Toleranz, aber auch Gleichgültigkeit der Erwachsenenwelt, mehr denn je gezwungen, immer extremere Jugendkulturen hervorzubringen, …."
Die Präposition ***aufgrund*** bedeutet auch *wegen*, gibt einen Grund an und steht mit dem Genitiv („*der* wachsenden Toleranz"): Warum ist die heutige Jugend mehr denn je gezwungen, immer extremere Jugendkulturen hervorzubringen? **Aufgrund** der wachsenden Toleranz, aber auch Gleichgültigkeit der Erwachsenenwelt. Auch die Präposition *durch* gibt einen Grund an, steht aber immer mit dem Akkusativ.

2b
Das
→ „**Das** zeigt sich in der Ausübung immer extremerer Sportarten, in skurrilen Kleidungsstilen und letztendlich auch in ausgefallenen Sprechweisen."
Das ist hier ein Demonstrativpronomen und fungiert als Verweiswort (Rückverweis auf den vorherigen Satz): „… will sie sich doch gegenüber der Gesellschaft und insbesondere den Erwachsenen abgrenzen."
Was zeigt sich in der Ausübung immer extremerer Sportarten, in skurrilen Kleidungsstilen und letztendlich auch in ausgefallenen Sprechweisen? Dass sie (die Jugend) sich doch gegenüber der Gesellschaft und insbesondere den Erwachsenen abgrenzen will.

3d
zahlreicher
→ „Nach Meinung **zahlreicher** Sprachforschenden handelt es sich bei der Jugendsprache – oder richtiger *den* Jugendsprachen – um eine Sonderform der Landessprache, …"
zahlreich ist ein Synonym für *viel*.
massenhaft hat die Bedeutung von *mehr als genügend*, … und wird oft auch emotional oder umgangssprachlich verwendet.
umfangreich ist hier gleichbedeutend mit *ausführlich, reichlich, breit*, … und wird nicht für Personen gebraucht.
unzählbarer hat die Bedeutung von *unübersehbar, unendlich*, … Der Gebrauch dieses Wortes an dieser Textstelle wäre eine Übertreibung und damit unpassend.

4c
bezeichnen
→ „Die verschiedenen Sprechweisen der Jugendlichen lassen sich deshalb linguistisch gesehen nicht als Sprache(n) **bezeichnen**, …"
bezeichnen steht als einziges Verb hier mit der Präposition *als*.
Das Verb *angeben* ist gleichbedeutend mit *anführen, Angaben machen*, …
Das Verb *ausdrücken* bedeutet *formulieren, sich äußern, in Worte fassen*.
Das Verb *nennen* ist ein Synonym für *anreden, auflisten*, …

5d
wie
→ „Wörter **wie** *Blamage*, *Pech* oder *mogeln* entstammen der Studentensprache des 18. und 19. Jahrhunderts."
Das Wort ***wie*** veranschaulicht den vorhergenannten Begriff *Wörter* durch Beispiele (Blamage, Pech, mogeln).

6a
an
→ „Das gemeinsame Singen von derben Studentenliedern mit Beschimpfungen und Beleidigungen erinnert stark **an** die heutige Rapper-Szene."
Das Wort *erinnern* steht mit der Präposition *an*.

7b
Hierbei
→ „Er notierte Wörter wie *patent* (tüchtig) oder *Saupech* (großes Missgeschick). **Hierbei** ist die äußerst produktive Vorsilbe *sau-* bemerkenswert, wird sie doch auch heute gerne noch zur Bedeutungsverstärkung des Grundwortes benutzt, …"
Das Adverb ***hierbei*** steht für *hinsichtlich des soeben Erwähnten, bei der soeben erwähnten Sache, Angelegenheit o.Ä.*
Der Ausdruck *hieraus* bedeutet *aus der soeben erwähnten Sache*.
Das Adverb *währenddessen* heißt soviel wie *während dieser Zeit, unterdessen, während*.
Der Ausdruck *wobei* steht für *bei welcher (gerade erwähnten) Sache, andererseits*. Der Ausdruck *wobei* leitet einen Nebensatz ein.

8a
gang und gäbe
→ „Wendet man sich der heutigen Sprechweise der Jugendlichen zu, so fällt auf, dass die Anzahl der Wörter aus dem Englischen, Arabischen und Türkischen immer weiter zunimmt, dass Präpositionen und Artikel weggelassen werden und Bedeutungsverschiebungen **gang und gäbe** sind."
Der Ausdruck *gang und gäbe* bedeutet, dass etwas gebräuchlich und verbreitet ist.
Der Ausdruck *im Gange sein* bedeutet, dass etwas vor sich geht.
Der Ausdruck *in Gang kommen* heißt, dass etwas allmählich beginnt.
Der Ausdruck *jemandem geht etwas unter die Haut* bedeutet, dass etwas bei jemandem starke Gefühle auslöst.

Lesen, Teil 2

Information: In **Teil 2** müssen Sie einem Text mit hohem Informationsgehalt Hauptaussagen und Einzelinformationen entnehmen. Dabei wird Ihr Textverständnis durch sieben Aufgaben (Items 9 bis 15) mit Mehrfachauswahl (a, b, c) geprüft. Bei der Textsorte handelt es sich um einen Artikel aus dem Bereich Wissenschaft, z. B. Psychologie, Soziales oder Gesellschaft.

	a	b	c
9	x		
10		x	
11			x
12			x
13	x		
14			x
15	x		

9a
→ Welche Folgen kann fehlende Geborgenheit für einen Säugling haben?
a Er kann später Belastungen schwieriger handhaben.
Textstelle: „Zu wenig Liebe und Zuneigung in der Frühphase eines Babys kann später zu Bindungsproblemen und auch nachweisbar zu Störungen im Stresshormonsystem führen."
Der Ausdruck *fehlende Geborgenheit* ist gleichbedeutend mit *zu wenig Liebe und Zuneigung.*
Der etwas allgemeinere Begriff *Baby* kann synonym für *Säugling* (Babys im ersten Lebensjahr) verwendet werden.
Der Ausdruck *Störungen im Stresshormonsystem* bedeutet, dass man schlecht mit Stress umgehen kann, was wiederum gleichbedeutend mit der Phrase *man kann spätere Belastungen schwieriger handhaben* ist.
9b und **9c** sind **falsch:** Im Text wird lediglich gesagt, dass die Epigenetik gezeigt hat, dass sich unsere Gene im Laufe des Lebens verändern („… dass unsere Gene nicht als feste Größe oder Schicksal anzusehen sind"). Die Formulierung, dass es „zu Störungen im Stresshormonsystem führen kann" bedeutet nicht, dass Stresshormone produziert werden.

10b
→ Die Entzifferung des menschlichen Bauplans …
b enttäuschte viele Erwartungen.
Textstelle: „Nachdem im Jahre 2000 das Humangenom, also der genetische menschliche Bauplan, entziffert worden war, weckte dies viele Hoffnungen auf Heilung schwerer psychischer und physischer Krankheiten. Eine Hoffnung, die sich nicht erfüllte, …"
Der Ausdruck *eine Hoffnung erfüllt sich nicht* bedeutet *Enttäuschung.*
10a und **10c** sind **falsch**: Die Entzifferung des menschlichen Bauplans erklärte nicht, weshalb manche Menschen schwer erkranken und bewies auch nicht, dass Gene gelenkt werden können. Das wird in diesem Text später über die Epigenetik gesagt.

11c
→ Das spanische Forschungsteam bewies, dass …
c sich der epigenetische Code im Laufe des Lebens verändert.
Textstelle: „Dieser neue Wissenschaftszweig stellt das Bindeglied zwischen Umwelteinflüssen und Genen dar: Unter welchen Umständen wird welches Gen ein- oder stummgeschaltet? Dazu untersuchte ein spanisches Forschungsteam eineiige Zwillingspaare im Altersspektrum von drei bis 74 Jahren und fanden heraus, dass sich die jüngsten Zwillinge in ihrem epigenetischen Code kaum unterschieden, im Gegensatz zu den ältesten Zwillingen, bei denen es immense Unterschiede gab. Folglich spielen die Lebensgewohnheiten, Lebensumstände und Erfahrungen eine große Rolle dabei, welche Gene aktiv sind und welche nicht."
Die spanischen Forscher fanden also heraus, dass bestimmte Faktoren im Leben (Gewohnheiten, Umstände, Erfahrungen) die Gene aktivieren oder deaktivieren.
11a und **11b** sind **falsch**: Sie fanden nicht heraus, dass man Gene aktivieren oder deaktivieren kann. Und junge Zwillinge hatten laut Text große Übereinstimmungen in ihrem epigenetischen Code.

12c
→ Mithilfe der Epigenetik …
c konnten bestimmte Phänomene erklärt werden.
Hier handelt es sich um eine Hauptaussage des Textabschnittes „Doch können wir Menschen …". Mithilfe der Epigenetik konnte man das Phänomen erklären, warum der Verzehr von grünem Tee die Anzahl der Krebspatienten senkt und das Phänomen, warum aus einigen Bienenlarven fruchtbare und aus anderen Bienenlarven unfruchtbare Bienen entstehen.
12a und **12b** sind **falsch**: Es wird nicht gesagt, dass mithilfe der Epigenetik die Anzahl der Krebspatienten zurückging, sondern man konnte erklären, weshalb die Anzahl von Krebspatienten (bei häufigem Genuss von grünem Tee) zurückging. Es wird auch nicht gesagt, dass man unfruchtbare Bienen wieder fruchtbar machen konnte.

13a
Demenz …
→ **a** kann man entgegenwirken.
Textstelle: „Zahlreiche Krankheiten wie Demenz haben eine genetische Komponente, die das Risiko erhöht, diese Krankheit auch tatsächlich zu bekommen. Doch diese Komponente ist kein Schicksal. Mit viel Bewegung und einer guten Bildung kann man schon in jungen Jahren gegen das Risiko ankämpfen, später dement zu werden."
13b und **13c** sind **falsch**: Im Text steht, dass man in jungen Jahren die Möglichkeit hat, Demenz zu verhindern („Mit viel Bewegung und einer guten Bildung kann man schon in jungen Jahren gegen das Risiko ankämpfen, später dement zu werden.") Demenz wird also nicht durch Umwelteinflüsse in jungen Jahren geprägt, im Text steht lediglich, dass die Epigenetik den Einfluss der Umwelt auf die Gene zeigt (Ein Pluspunkt für die Epigenetik, denn sie unterstreicht ja gerade frühe Umwelteinflüsse auf die Genaktivität …").

14c
→ Was fanden Wissenschaftler*innen in Bezug auf Traumata heraus?
c Sie können bis in die übernächste Generation vererbt werden.
Textstelle: „Neben der Ernährung, dem Sport und dem Bildungsgrad spielen auch Traumata eine große Rolle und können sogar weitervererbt werden … Selbst die Söhne von Müttern aus der Hungersnot hatten noch überdurchschnittlich übergewichtigen Nachwuchs. Das Bestreben der Mütter, während der Hungersnot Fettreserven anzulegen, wirkte sich augenscheinlich auch auf deren Enkel aus."
14a ist **falsch**, denn im Text steht, dass der spätere Nachwuchs schon in jungen Jahren an Alterskrankheiten wie Diabetes und Herzproblemen leidet. Sie bekommen diese Krankheiten nicht wie andere erst im Alter, sondern schon viel früher.
14b ist **falsch**, weil im Text steht, dass der Nachwuchs der Mütter oft überdurchschnittlich häufig an Übergewicht leidet und nicht die Mütter selbst. „Hat eine bestimmte Generation über längere Zeit z. B. eine Hungersnot durchgemacht, dann leidet der spätere Nachwuchs schon in jungen Jahren überdurchschnittlich häufig an psychischen Erkrankungen, Übergewicht und an Alterskrankheiten wie Herzproblemen und Diabetes, wenn er während der Phase des Notleidens im Mutterleib heranwuchs."

15a
→ Was behaupten die Gegnerinnen und Gegner der epigenetischen Vererbungstheorie?
a Die Organisation und Deutung der Untersuchungen seien fraglich.
Textstelle: „So gibt es Wissenschaftler*innen, die eine epigenetische Vererbung vehement bestreiten und das damit begründen, dass die diesbezüglichen Studien Probleme in ihrer Durchführung und somit auch in ihrer Interpretierbarkeit aufwiesen."
Das Adjektiv *fraglich* ist ein Synonym für *zweifelhaft.*
Den Begriff *Studien* kann man auch mit *Untersuchungen* beschreiben.
Die Organisation einer Untersuchung wird *Durchführung* genannt
Die Begriffe *Interpretierbarkeit* und *Deutung* sind gleichbedeutend.
15b ist **falsch**, denn im Text steht, dass die Experimente an Tieren nicht auf Menschen übertragbar seien. Das heißt nicht, dass diese Experimente unseriös sind.
15c ist **falsch**, denn es wurden Untersuchungen auch am weiblichen Nachwuchs vorgenommen, aber man konnte diese Beobachtungen nur beim männlichen Nachwuchs feststellen. „Eigentümlicherweise konnte man diese Beobachtungen nicht bei den Töchtern dieser Mütter feststellen."

Lesen, Teil 3

Information: In **Teil 3** müssen Sie einen Lückentext rekonstruieren, indem Sie den acht Lücken (Items 16 bis 23) acht von zehn vorgegebenen Sätzen zuordnen. Das bedeutet, dass zwei Sätze übrigbleiben. Bei der Textsorte handelt es sich um einen Pressetext (Kommentar zu einem kontroversen Thema) aus dem Bereich Arbeitswelt, Hochschule oder Gesellschaft.

	a	b	c	d	e	f	g	h	i	j
16				x						
17	x									
18								x		
19						x				
20					x					
21										x
22			x							
23							x			

Beispiel
→ **0** Oder in Kiel gibt es circa zehn Studierende im Fach Friesologie, die sich mit der friesischen Kultur und Sprache beschäftigen.
Textstelle: „So kann man in Göttingen Aboristik studieren, wo es um den Schutz und die Pflege von Grünflächen und Bäumen in der Stadt geht. **Beispiel 0**".
Dieser Satz gibt ein weiterführendes Beispiel („oder") zum Vorsatz an.

16d
→ **d** Die Frage ist also, ob es Sinn macht, sich für ein Orchideenfach zu entscheiden.
Textstelle: „Hinzu kommt die Ungewissheit, später einen Job mit dieser Spezialisierung zu finden. **16** ... Oder sollte man diese Fächer nicht einfach ganz abschaffen?"
Im Vorsatz werden Nachteile dieser Studienfächer aufgeführt. Somit ist die Frage nach dem Sinn eines solchen Studiums (Satz d) folgerichtig. Im Nachsatz wird die Frage in einer rhetorischen Variante noch verschärft.

17a
→ **a** Beschäftigt man sich aber näher mit diesen Fächern, so wird klar, dass auch sie ihre Existenzberechtigung haben.
Textstelle: „Natürlich fragt sich so mancher bei Studiengängen wie Coffeemanagement oder Master of Desaster, ob man das wirklich braucht. **17** ... Im Studienfach Master of Desaster lernt man beispielsweise Katastrophenmanagement."
Im Vorsatz werden exotisch anmutende Fächer genannt und es wird die Frage nach dem Sinn solcher Fächer gestellt. Im Satz a wird jedoch diese angebliche Unsinnigkeit eingeschränkt und im Folgesatz sogar widerlegt.

18h
→ **h** Nicht wenig für ein Fach mit angeblich geringen Zukunftschancen.
Textstelle: „Nicht viel anders sieht es mit dem neuen, in Bamberg angebotenen Fach Vegan Food Management aus, wofür die Studierenden schon mal 560 Euro pro Monat hinblättern. **18** ... Oder sind solche Studienrichtungen doch keine brotlose Kunst?"
Im Vorsatz wird auf die hohen Studiengebühren für das Fach Vegan Food Management hingewiesen. Satz h beginnt mit „nicht wenig" und meint damit die Geldsumme von 560 Euro, weist aber auch ironisch auf die angeblich wenigen Zukunftschancen eines solchen Studiums hin. Im Anschluss kommt die rhetorische Frage, ob diese Studienrichtungen vielleicht doch nicht so sinnlos sind.

19f
→ **f** Das klingt vielleicht wie ein Nachteil, kann aber eine echte Chance sein.
Textstelle: „Was die Vorteile von Orchideenfächern noch ausmacht, ist die Tatsache, dass sie an weniger als zehn Prozent der Universitäten gelehrt werden oder an der Hochschule mit höchstens drei Professoren vertreten sind. **19** ... Gewährleistet doch die geringe Zahl an Studierenden eine gute Betreuungsrelation zwischen Studierenden und Dozierenden."
Im Vorsatz werden weitere Vorteile der Studienrichtung genannt. Satz f verweist auf den Vorsatz („Das") und erklärt, dass diese scheinbaren Nachteile (werden „an weniger als zehn Prozent der Universitäten gelehrt" oder sind durch „höchstens drei Professoren vertreten") auch von Vorteil („eine echte Chance") sein können. Der darauffolgende Satz konkretisiert diesen Vorteil.

20e
→ **e** Denn überlastete Lehrende kennt man in Massenstudiengängen zur Genüge, aber nicht bei Orchideenfächern.
Textstelle: „Gewährleistet doch die geringe Zahl an Studierenden eine gute Betreuungsrelation zwischen Studierenden und Dozierenden. **20**... Nicht zu vergessen, dass diese Studienfächer einen hohen Spezialisierungsgrad aufweisen und die Studierenden zu wahren Expertinnen und Experten werden, was die Chancen auf dem Arbeitsmarkt erhöht."
Im Vorsatz wird auf die gute Betreuung zwischen Studierenden und Dozierenden hingewiesen, mit der Begründung, dass die Anzahl der Studentinnen und Studenten in Orchideenfächern nicht so hoch ist. Folglich gibt es auch keine überfüllten Hörsäle („die aus allen Nähten platzen").

21j
→ **j** Diese Studienfächer werden nämlich selten in Metropolen mit ihren horrenden Mietpreisen angeboten.
Textstelle: „Entscheidet man sich für ein Studium eines Orchideenfaches an einer öffentlichen Bildungseinrichtung, kommen zudem in der Regel geringere Lebenshaltungskosten auf einen zu. **21** ... Auch die Wohnungssuche im Allgemeinen gestaltet sich oft einfacher als in Ballungsgebieten, da generell mehr Wohnraum zur Verfügung steht."
Im Vorsatz werden geringere Lebenshaltungskosten für Studierende der Orchideenfächer angesprochen. Auch Mieten gehören zu den Lebenshaltungskosten und somit passt Satz j in diese Lücke, da er die horrenden (*horrend = über dem normalen Maß*) Mieten in den Großstädten anführt, in denen Orchideenfächer eher selten gelehrt werden. Zudem spricht der Folgesatz die Wohnungssuche an, die in kleineren Städten einfacher ist.

22c
→ **c** Hier gibt es eine Fülle an Orchideenfächern, wie Onomastik (Namenskunde) oder Sinologie (Chinesische Philologie).
Textstelle: „Studierende, die eine wissenschaftliche Karriere anstreben, können sich den Sprachwissenschaften zuwenden. **22** ... Diese Fächer sind meist auf eine wissenschaftliche Laufbahn ausgelegt und legen den Fokus auf die Forschung."
Im Vorsatz werden Sprachwissenschaften als Studienmöglichkeit empfohlen. Satz c führt Beispiele für Studienrichtungen der Sprachwissenschaften an (Onomastik und Sinologie). Im Folgesatz wird auf „diese Fächer" zurückverwiesen.

23g
→ **g** So wird man nämlich zum gefragten Experten auf dem Arbeitsmarkt.
Textstelle: „Aber auch ohne Ambitionen im wissenschaftlichen Bereich kann man sich Orchideenfächern widmen, indem man beispielsweise Sinologie und Betriebswirtschaft miteinander kombiniert. **23**... Denn wer kann schon chinesische Sprachkenntnisse und wirtschaftswissenschaftliches Wissen gleichzeitig anbieten?"
Der Vorsatz erklärt, dass das Studium von Orchideenfächern in Kombination mit einem „Massenstudiengang" Möglichkeiten außerhalb der Forschung bietet. Der Satz g liefert die Erklärung, dass man durch diese Kombination zum gefragten Spezialisten auf dem Arbeitsmarkt wird. Der Folgesatz (rhetorische Frage) betont noch diese außergewöhnlichen Chancen.

Lesen, Teil 4

Information: In **Teil 4** müssen Sie drei Texten (a, b, c) fünf Meinungen oder Aussagen (Items 24 bis 30) zuordnen, die Sie aus sieben vorgegebenen Sätzen auswählen. Das bedeutet, dass zwei Meinungen bzw. Aussagen übrigbleiben. Die drei abstrakten Meinungstexte (a, b, c) sind Äußerungen zu einem gemeinsamen Thema aus der Wissenschaft oder aus dem gesellschaftlichen Bereich.

	a	b	c	0
0	x			
24				x
25			x	
26			x	
27	x			
28	x			
29		x		
30				x

Beispiel
0 Auch Kunst ist den vorherrschenden Marktmechanismen unterworfen. **Lösung a**
Textstelle: „Wie jede andere Ware, unterliegen auch Kunstobjekte dem Prinzip von Angebot und Nachfrage."
Der Ausdruck *unterworfen sein* bedeutet *unterliegen* (hier im übertragenen Sinn).
Das Prinzip von Angebot und Nachfrage gehört zu den Marktmechanismen.

24 0

25c
→ Moderne Kunst erzielt trotz allgemeiner Geringschätzung enorme Preise.
Textstelle: „Erwähnt man aber die Kunstepoche gegenüber Straßenpassanten, so stellen sich viele nur eine wilde Kleckserei vor und schütteln missbilligend den Kopf … Kunst wurde konzeptioneller und anspruchsvoller. Aber diese Veränderung kam nicht bei allen gut an. Umfragen ergaben, dass die Mehrzahl der Bevölkerung moderne Kunstwerke ablehnt; dennoch erreichen viele dieser Werke einen hohen Geldwert."
Ein Synonym für *Geringschätzung* ist *Missbilligung, Ablehnung* (im Text: „missbilligend", „ablehnt").
Das Verb *erzielen* bedeutet *erreichen*.
Der Ausdruck *enorme Preise* ist gleichbedeutend mit *hoher Geldwert*.

26c
→ Den heutigen Kunstschaffenden geht es nicht mehr um die Abbildung der realen Welt.
Textstelle: „Geschuldet ist diese Auffassung von Moderner Kunst der Tatsache, dass die Künstlerinnen und Künstler nicht mehr naturgetreu darstellen mussten, da es dafür bereits die Fotografie gab. So erfuhren die Kunstschaffenden eine Art Befreiung, denn sie konnten nun wählen, warum und wie sie etwas darstellen wollten."
Wenn man etwas *naturgetreu* abbildet, so zeigt man die reale Welt.

27a
→ Viele gutbetuchte Käufer betrachten Kunst als Investition.
Textstelle: „Kunden der teuren Kunst gibt es jedoch immer mehr, da die Kluft zwischen Arm und Reich stets größer wird, was auch zu mehr Millionären führt, die gern ein kleines Vermögen für ein Kunstwerk als lohnenswerte Kapitalanlage ausgeben."
Das Adjektiv *gutbetucht* bedeutet *reich, vermögend*.
Eine *Kapitalanlage* ist ein Synonym für *Investition*.

28a
→ Die finanziellen Ausgaben schlagen sich im Preis des Objekts nieder.
Textstelle: „Der Geldwert wird nicht nur durch Größe, Aufwand und Materialien bestimmt, sondern auch durch den Bekanntheitsgrad des Objekts oder des Kunstschaffenden. Alle Kosten, die bei der Entstehung des Kunstobjekts anfallen, wie Arbeitszeit, Material, Werbung, Transport, Galerie- und Ausstellungskosten, Mieten, Lebenshaltungskosten und Versicherungen, müssen aufgeschlagen werden, da es selten Massenproduktionen von Kunstobjekten gibt. Wird ein Werk verkauft, so bekommen Galerist*innen und Kunsthändler*innen Provisionen."
Finanzielle Ausgaben bedeutet *Kosten*.
Der *Geldwert* ist gleichbedeutend mit *Preis*.
Der Ausdruck *sich niederschlagen in* ist ein Synonym für *beeinflussen*.
Im Textabschnitt werden die Kosten aufgeführt, die den Preis des Kunstobjekts beeinflussen.

29b
→ Durch finanzielle Unabhängigkeit ist man frei von den Erwartungen anderer.
Textstelle: „… indem ich … genügend Geld verdiene, um davon leben zu können ... Auf diese Weise kann ich meinen künstlerischen Weg konsequent verfolgen, ohne auf die Wünsche zahlungskräftiger Kunden eingehen zu müssen."
Der Ausdruck *genügend Geld verdienen, um davon leben zu können* ist gleichbedeutend mit *finanziell unabhängig sein*.
Wünsche der Kunden ist ein Synonym für *Erwartungen der Kunden*.

30 0

Hören

- Die Hörtexte werden ohne Unterbrechung abgespielt. Sie haben jedoch in jedem Teil die Möglichkeit, **sich vor dem Hören die Aufgaben durchzulesen**. Diese Aufgaben sollten Sie zügig durchlesen und bearbeiten.
- Wenn Sie sich für die gedruckte Version der Prüfung entschieden haben, dann übertragen Sie am Ende Ihre Lösungen 1 bis 30 auf den **Antwortbogen** ***Hören***.
- Beachten Sie auch die Hinweise und Lösungsstrategien zum **Modul** ***Hören***, Seite 12.

Hören, Teil 1

Information: In **Teil 1** hören Sie einen mündlich vorgetragenen Monolog z. B. drei Buch- oder Filmbesprechungen zu einem Thema (z. B. Gesellschaft, Wissenschaft, Kultur). Den vorgestellten Büchern, Filmen o. Ä. sollen Werturteile und Beschreibungen (Einzelinformationen) zugeordnet werden. Jede Option können Sie nur einem Abschnitt z. B. Buch 1/2/3 zuordnen. Jedem Textabschnitt wird mindestens 1 Item zugeordnet, maximal 3 Items.
Das Hörverständnis wird durch sechs dreigliedrige Mehrfachwahlaufgaben (Items 1 bis 6) geprüft. Sie hören den Text **einmal**. Die Textstellen zu den richtigen Lösungen sind in den Transkriptionen zu den Hörtexten unterstrichen.

	a	b	c
0	x		
1			x
2		x	
3	x		
4		x	
5			x
6	x		

1c
→ Es beschreibt die Funktionsweise des Waldes.
Textstelle: „Die Autorin erklärt, wie der Wald den Wasserkreislauf reguliert, der Atmosphäre Kohlendioxyd entzieht und der Natur – und somit auch dem Menschen – Sauerstoff und Nahrung liefert."
Das Wort *beschreiben* ist ein Synonym für *erklären*.
Funktionsweise bedeutet, auf welche Art und Weise etwas funktioniert.

2b
→ Man erfährt etwas darüber, wie die Natur auf den Klimawandel reagiert.
Textstelle: „Die seit Jahrzehnten zu beobachtenden steigenden Temperaturen haben dazu geführt, dass zahlreiche Pflanzen und Tiere zu den jeweiligen Polen der Erde wandern oder sich in tiefere Gewässer zurückziehen. Das könnte das Kollabieren natürlicher Zyklen nach sich ziehen."
Achtung: In Text 3 wird zwar der Klimawandel erwähnt, aber es geht nicht um die Folgen des Klimawandels, also darum wie die Natur auf den Klimawandel reagiert, sondern um den Verursacher des Klimawandels, also den Menschen.

3a
→ In dem Buch geht es um die Annäherung an die Natur.
Textstelle: „Zunächst kann er kaum Dachs von Waschbär unterscheiden, ganz zu schweigen von den vielen Baumarten, die ihn umgeben. Mit der Zeit lernt er mithilfe seines neuen Freundes, dem mürrischen Aussteiger Paul, die verschiedenen Tier- und Pflanzenarten kennen. Seine Wahrnehmung der Natur verändert sich und aus einem einstigen Leugner des Klimawandels wird ein ganz passabler Naturschützer …"
Es wird beschrieben, dass der Protagonist sich zu Beginn mit Tieren und Pflanzen nicht auskennt, aber später Wissen darüber erwirbt und sogar vom Klimaleugner zum Naturschützer wird.

4b
→ Vor der Verharmlosung des Klimawandels wird gewarnt.
Textstelle: „… dass die Natur recht robust ist und sich durchaus anpassen kann, wie frühere Klimaveränderungen gezeigt haben. Entwarnung gibt die Autorin aber dennoch nicht: Damit wir die existenzbedrohenden Folgen des Klimawandels begrenzen können, müssen wir über das Verhalten von Lebewesen genau Bescheid wissen."
Im Text geht es zwar darum, dass die Natur robust ist und auch schon mehrere Klimawandel überstanden hat, was auf den ersten Blick so wirkt, als würde die Natur auch mit dem heutigen Klimawandel zurechtkommen. Aber im Folgesatz wird auf die existenzbedrohenden Folgen hingewiesen und dass man keine Entwarnung geben kann.

5c
→ Es thematisiert die Ursachen des Waldsterbens.
Textstelle: „Doch gerade der Mensch macht dem Wald den Garaus: Verheerende Waldbrände, von der Industrie geförderte, rücksichtslose Rodungen und falsche Agrarökonomie führen zur Vernichtung des Waldes."
Der Ausdruck *jemandem den Garaus machen* bedeutet *jemanden töten, beseitigen, ausrotten*.
Hier werden mehrere Gründe genannt, die das Waldsterben zur Folge haben.

6a
→ Es werden auch zwischenmenschliche Beziehungen beschrieben.
Textstelle: „Mit der Zeit lernt er mithilfe seines neuen Freundes, dem mürrischen Aussteiger Paul …"; „Sehr zur Freude von Paul, waren dieser Freundschaft doch zu Beginn einige Stolpersteine in den Weg gelegt."
Es wird die Entstehung der Freundschaft zwischen zwei Menschen beschrieben.

Hören, Teil 2

Information: In **Teil 2** hören Sie ein Interview zu einem wissenschaftlichen Thema mit einer Persönlichkeit aus der Kunst, Kultur, Wissenschaft o. Ä. Das Hörverständnis wird durch neun 3-gliedrige Mehrfachwahlaufgaben (stimmt, stimmt nicht, dazu wird nichts gesagt) geprüft (Items 7 bis 15). Sie hören den Text **zweimal**. Die Textstellen zu den richtigen Lösungen sind in den Transkriptionen zu den Hörtexten unterstrichen.

	a	b	c
7		x	
8	x		
9			x
10	x		
11		x	
12		x	
13	x		
14		x	
15		x	

7b
→ Frau Avar arbeitet an einer genauen Begriffsbestimmung für Intelligenz.
Textstelle: „Wobei es uns nicht auf eine Definition von Intelligenz ankommt, was sich in der Praxis als sehr schwierig gestaltet, sondern auf die verschiedenen Arten der Intelligenz."
Begriffsbestimmung ist ein Synonym für *Definition*. Frau Avar legt also ihren Schwerpunkt nicht auf die Definition von Intelligenz, sondern forscht zu den verschiedenen Arten von Intelligenz.

8a
Mathematische Fähigkeiten sind ein Indiz für Intelligenz.
Textstelle: „Ist denn jemand, der ein gutes Zahlenverständnis hat, nicht besonders intelligent?" - „Besonders intelligent, ja, im Sinne von einer besonderen Intelligenz. … Intelligenz lässt sich

nicht nur an der Fähigkeit festmachen, wie schnell man logische Zusammenhänge erfasst."
Im Umkehrschluss bedeutet das, dass jemand, der schnell logische Zusammenhänge erfasst, nicht unbedingt intelligent ist. Diese Fähigkeiten sind ein Indiz (Hinweis) für Intelligenz, aber kein Beweis.

9c
→ Frau Avar hat herausgefunden, dass eine hohe Intelligenz verschiedene Arten von Intelligenz voraussetzt.
Das wird im Text nicht gesagt. Sie sagt lediglich, dass jeder von uns über verschiedene Arten von Intelligenz verfügt („Diese Arten schlummern in einem jeden von uns"), diese aber bei jedem unterschiedlich stark ausgeprägt sind.

10a
→ Die verschiedenen Arten von Intelligenz müssen in ihrer Interaktion betrachtet werden.
Textstelle: „Diese Arten [von Intelligenz] … ergeben erst in ihrem Zusammenspiel ein vollständiges Bild der Persönlichkeit eines Menschen."
Das Wort *Interaktion* ist ein Synonym für *Zusammenspiel*.

11b
→ In der Antike war man der Auffassung, dass Intelligenz eng an natürliche Begabung gekoppelt ist.
Textstelle: „Aber darüber streitet ja die Wissenschaft schon seit der Antike: Welchen Stellenwert genießt das angeborene Talent und welche Rolle spielt die Umgebung, in die das Kind hineingeboren wird?"
Es wird nicht gesagt, dass man in der Antike der Auffassung war, dass Intelligenz angeboren („eng an natürliche Begabung gekoppelt") sei, sondern dass man schon seit damals darüber streitet, wie groß der Einfluss des natürlichen Talents und der Einfluss der Umwelt bzw. Umgebung auf die Intelligenz ist.

12b
→ Untersuchungen zeigten, dass die Intelligenz von Frauen unterschätzt wird.
Textstelle: „Erstaunlicherweise stimmten Wahrnehmung und gemessene Intelligenz vor allem bei den Fotos von Männern überein. Bei Frauen gestaltete sich das schwieriger. Hier gab es kaum richtige Einschätzungen."
Es wird gesagt, dass die Intelligenz bei Frauen zwar oft falsch eingeschätzt wurde, aber nicht, dass sie unterschätzt wurde.

13a
→ Bei der Einschätzung von Intelligenz spielt auch der Ausdruck von Emotionen eine Rolle.
Textstelle: „Bemerkenswert ist aber, dass jemand für intelligenter gehalten wird, wenn er lächelt oder andere positive Gefühle zeigt."
Lächeln und *positive Gefühle zeigen* sind Ausdruck von Emotionen.

14b
→ Frau Avar behauptet, dass Attraktivität und Karriere einander bedingen.
Textstelle: „Ja, das ist ja so ein Mythos, dass attraktive Menschen klüger seien ... Angeblich haben sie dann im Leben mehr Vorteile, beispielsweise bei Bewerbungen, … Nach dem Motto: Wer intelligent ist, kommt weiter."
Hier wird von dem Mythos gesprochen, dass gutaussehende Menschen intelligenter seien. Frau Lale spricht leicht ironisch über die angeblichen Vorteile attraktiver Menschen. Im Folgetext spricht sie dann darüber, welche Fähigkeiten eine Führungskraft tatsächlich haben muss.
Textstelle: „Sind denn Führungskräfte tatsächlich intelligenter oder attraktiver als ihre Mitarbeiter? Ich denke eher, dass Vorgesetzte bestimmte Fähigkeiten aufweisen, die sie für diesen Posten eher qualifizieren: Fachwissen, Ausstrahlung, Durchsetzungsvermögen usw. Und auch Erfahrung, vor allem bei älteren Vorgesetzten."
Sie stellt also keine Verbindung zwischen einem guten Aussehen und Erfolg im Beruf her.

15b
→ Man kann laut Lale Avar den Intelligenzgrad im Laufe des Lebens steigern.
Textstelle: „Kann man denn seine Intelligenz im Laufe des Lebens verbessern? - Na ja, man lernt ja viel im Leben dazu und wir sind auch im hohen Alter noch lernfähig ... Da sich unser Gehirn und damit auch unser Gedächtnis ein Leben lang verändern, kommt es im Alter allerdings zu einem Leistungsabbau, der vor allem die Geschwindigkeit beim Lösen von Problemen betrifft. Also kommt die Klugheit aus der Erfahrung und nicht aus der Verbesserung des Intelligenzquotienten."
Es wird gesagt, dass wir im Alter immer noch lernen können und man wegen seiner Erfahrungen eventuell klüger wird. Aber der Intelligenzquotient wird deshalb nicht höher.

Hören, Teil 3

Information: In **Teil 3** hören Sie ein längeres Gespräch bzw. eine längere Diskussion mit einer Moderatorin oder einem Moderator, die/der zwei Expertinnen oder Experten befragt. Die Themen stammen aus den Bereichen Gesellschaft und Wissenschaft. Das Hörverständnis wird durch acht dreigliedrige Mehrfachwahlaufgaben (Items 16 bis 23) geprüft. Der Text wird in vier Abschnitten gehört. Jedem Abschnitt sind zwei Aufgaben zugeordnet. Sie hören den Text **einmal**. Die Textstellen zu den richtigen Lösungen sind in den Transkriptionen zu den Hörtexten unterstrichen.

	a	b	c
16	x		
17			x
18			x
19			x
20		x	
21	x		
22			x
23		x	

16a
→ Frau Kurth kritisiert, dass es bei Eignungstests oft …
a an Sachkunde und Kompetenz fehlt.
Textstelle: Frau Kurth: „Es ist in der Tat so, dass in der Praxis oft eine professionelle Durchführung und Auswertung dieser Tests nicht gewährleistet ist."
Der Ausdruck *nicht gewährleistet sein* ist gleichbedeutend mit *es fehlt an*.
Professionelle Durchführung und Auswertung ist eine Umschreibung für *Sachkunde und Kompetenz*.
16b und **16c** sind **falsch**, da es im Text weder um den Mangel an sensibilisiertem Personal noch um Fehler bei der maschinellen Auswertung geht: „Menschen sind ja keine Maschinen und so kann man viele Eigenschaften wie Lernfähigkeit oder Sensibilität nur schwer testen."

17c
→ Herr Werner behauptet, dass man mit Eignungstests …
c nur schwer ein umfassendes Bild der Kandidatin und des Kandidaten bekommt.
Textstelle: Herr Werner: „Eignungstests spiegeln nicht das gesamte Spektrum an Fertigkeiten und Fähigkeiten der Testperson wider."
Soft Skills sind Schlüsselkompetenzen (persönliche, soziale und methodische Kompetenzen) oder auch überfachliche Qualifikationen. Diese kann man nur schwer testen.
17a und **17b** sind **falsch**, denn im Text wird gesagt, dass die Testpersonen unter Druck stehen und Angst haben und dass diese Gefühle noch verstärkt werden können: „Die Testergebnisse

entspringen einer Momentaufnahme, in der die Kandidatin oder der Kandidat vielleicht Stress oder sogar Angst hatte. Dieses Gefühl kann noch durch unzulässige Fragen, die die Privatsphäre der Testperson betreffen, verschärft werden."

18c
→ Die Personalberaterin plädiert für …
c eine gute Vorbereitung auf heikle Situationen.
Textstelle: Frau Kurth: „Außerdem sollten die Bewerberinnen und Bewerber im Vorfeld trainieren, wie sie mit peinlichen Fragen in Eignungstests umgehen können, beispielsweise: Wie antworte ich auf unzulässige Fragen, ohne Arbeitgebende vor den Kopf zu stoßen und mir dabei selber zu schaden?"
Das Adjektiv *heikel* ist ein Synonym für *unangenehm, peinlich*. *eine gute Vorbereitung* ist hier gleichbedeutend mit *im Vorfeld trainieren*.
18a und **18b** sind **falsch**, da Frau Kurth nur sagt, dass sie keine besseren Verfahren kennt und sie plädiert auch nicht für eine Gesetzesvorlage für Eignungstests: „Mir ist kein besseres Verfahren bekannt … Hier [bei unzulässigen Fragen] hat man laut Gesetz sogar das Recht auf Notlüge."

19c
→ Qualitätsstandards für Eignungstests …
c werden von zahlreichen Unternehmen gemieden.
Textstelle: Herr Werner: „Es gibt auch Qualitätsstandards … An diese sind die Unternehmen jedoch nicht rechtlich gebunden, sodass sie in der Praxis häufig umgangen werden.
Das Verb *umgehen* ist ein Synonym für *meiden*.
19a und **19b** sind **falsch**, da die Qualitätsstandards von Eignungstests zwar von Psychologinnen und Psychologen entwickelt wurden, aber diese nicht beim Test anwesend sein müssen. Die Unternehmen müssen diese Standards nicht befolgen: „Es gibt auch Qualitätsstandards, die speziell von Psychologinnen und Psychologen entwickelt wurden. An diese sind die Unternehmen jedoch nicht gebunden, …"
Der Ausdruck *gebunden sein an* ist hier gleichbedeutend mit *verpflichtet sein*.

20b
→ Die Vorteile von Eignungstests betreffen …
b die Fairness den Kandidatinnen und Kandidaten gegenüber.
Textstelle: Frau Kurth „… bessere Vergleichsmöglichkeit zwischen den Kandidatinnen und Kandidaten … Außerdem besteht für sie so Chancengleichheit, denn alle müssen den gleichen Test absolvieren."
Da alle den gleichen Test ablegen müssen, ist ein Vorteil der Tests, dass sie fair sind.
20a und **20c** sind **falsch**, denn es geht nicht um das Erkennen von rationalem Denken der Testpersonen und diese bekommen auch keinen auf sie abgestimmten/zugeschnittenen Tests: „Mittels Eignungstests können Leitende der Personalabteilung Entscheidungen treffen, die rationaler und gerechter sind."

21a
→ Herr Werner meint, dass die Bewerberinnen und Bewerber …
a mithilfe dieser Tests die eigene Kompetenz besser einschätzen können.
Textstelle: Herr Werner: „Oftmals findet die Kandidatin oder der Kandidat während dieses Tests selbst heraus, ob sie oder er für die Stelle geeignet ist."
21b und **21c** sind **falsch**: „Beispielsweise könnte die Stressresistenz oder Entscheidungskompetenz eine Herausforderung sein, der die Person nicht gewachsen ist. Vielleicht ist sie über- oder unterfordert."

22c
→ Soft Skills kann man ausbauen, indem man …
c um Einschätzung seiner Fähigkeiten durch Andere bittet.
Textstelle: Herr Werner: „Eine andere Möglichkeit wäre auch, Freunde und Kollegen zu fragen, welche Fähigkeiten man noch verbessern könnte. Vielleicht sagt einem ja der Freund, dass man sich schlecht in andere hineinversetzen kann. Dann kann man diese Kompetenz trainieren, indem man aktiv anderen zuhört, auf die Körpersprache achtet und gezielt Fragen an die Person stellt und sich Grundwissen zu Kommunikationsregeln aneignet.
22a und **22b** sind **falsch**: „Es ist wichtig, darüber Bescheid zu wissen, was das Unternehmen von einem erwartet, welche Schlüsselkompetenzen wichtig sind und über welche man tatsächlich verfügt … Potenzialanalysen sind meist strukturierte Fragebögen, mit deren Hilfe herausgefunden werden soll, welche Fähigkeiten man besitzt, um zukünftige Tätigkeiten meistern zu können."
Es wird also gesagt, dass man wissen muss, welche Soft Skills erwartet werden, aber nicht, dass man beim Unternehmen nachfragen soll. Der Fragebogen dient der Einschätzung der eigenen Fähigkeiten und den erstellt man nicht selbst.

23b
→ Für psychologische Personaltests gilt:
b Jede Testperson darf das eigene Resultat einsehen.
Textstelle: Frau Kurth: „Und egal, ob man eingestellt wurde oder nicht: Man hat Anspruch auf die Herausgabe der Ergebnisse des psychologischen Personaltests."
23a und **23c** sind falsch: „Vielleicht noch ein Wort zu den Kandidatinnen und Kandidaten, auf die ein psychologischer Personaltest zukommt. Diese sollten darauf achten, dass sie diesem vorher zugestimmt haben. Im Vorfeld sollten sie sich erkundigen, welche Daten genau ermittelt werden sollen … Und im Zuge dieses Widerrufes kann man zudem die Löschung seiner personenbezogenen Daten verlangen."

Hören, Teil 4

Information: In **Teil 4** hören Sie einen längeren monologischen Text (Vortrag eines Experten oder einer Expertin) mit einem dichten Informationsgehalt zu einem aktuellen gesellschaftspolitischen Thema (Gesellschaft, Politik, Forschung). Das Hörverständnis wird durch sieben dreigliedrige Mehrfachwahlaufgaben (Items 24 bis 30) geprüft. Sie hören den Text **zweimal**. Die Textstellen zu den richtigen Lösungen sind in den Transkriptionen zu den Hörtexten unterstrichen.

	a	b	c
24	x		
25		x	
26	x		
27	x		
28		x	
29			x
30			x

24a
→ Die Farben in der Natur …
a lenken unser Verhalten.
Textstelle: „Schon unsere Vorfahren konnten sich dem Einfluss der Farben nicht entziehen. Wir werden auch heute noch praktisch fremdgesteuert, denn hinter den Farben verbirgt sich ein evolutionärer Code, der über Leben und Tod entscheiden kann."
Das Verb *steuern* ist ein Synonym für *lenken*.
24b und **24c** sind falsch: „Bereits im Kindesalter entscheiden Farben darüber, ob uns etwas schmeckt, ob es uns gefällt oder ob wir vor etwas zurückschrecken. Schon unsere Vorfahren konnten sich dem Einfluss der Farben nicht entziehen …"
Es wird also nicht gesagt, dass unsere Vorfahren oder dass Kinder die Farben anders wahrnehmen bzw. wahrgenommen haben als wir. Im Gegenteil: Schon auf sie hatten Farben einen bestimmten Einfluss. Dieser war aber nicht anders als heute.

25b
→ Emotionale Reaktionen auf Farben …
b basieren auf kultureller Prägung.
Textstelle: „Rot ist also eine starke Signalfarbe, vor allem in westlichen Kulturen, die man auch mit Aggression in Verbindung bringt. Würden Sie das Kinderzimmer rot streichen? Wohl eher nicht. In buddhistischen Tempeln hingegen ist Rot oft die dominierende Farbe. Wer kennt sie nicht, die tibetanischen Mönche, die sich in ihren roten Gewändern in rot gestrichenen Räumen in tiefste Ruhe und Meditation versenken? Der Mensch assoziiert Farben also abhängig von seiner Erfahrung und seiner Denkstruktur."
Im Text wird beschrieben, wie unterschiedlich die Farbe Rot in

westlichen und in asiatischen Kulturkreisen wahrgenommen wird.

25a und **25c** sind falsch: Hier wird beschrieben, dass man in westlichen Kulturkreisen Rot als aggressiv empfindet. In Tibet aber wird durch Rot tiefste Ruhe und Entspannung erzeugt. Die Emotionen ähneln sich also nicht, sondern sind vom Kulturkreis abhängig. Die Emotionen sind auch nicht von der Natur vorgegeben: Man reagiert zwar auf Rot, aber emotional unterschiedlich. Hier stehen sich zwei starke konträre Emotionen – Aggression und tiefste Ruhe – gegenüber.

26a
→ Farben …
a dienen als Unterscheidungsprinzip.
Textstelle: „bemalt er [der Mensch] schon seit Urzeiten seinen Körper, um sich eine individuelle Note zu geben oder seine Zugehörigkeit zu einer bestimmten Gruppe zu signalisieren."
26b ist **falsch**: „Farben sind ja eigentlich nur eine Illusion, denn sie entstehen mit der Brechung des Lichts." Auch wenn weiter unten im Text gesagt wird, man habe Blau als Gestein entdeckt, dann ist auch das eine Illusion, denn im Dunkeln existiert diese Farbe nicht, das Gestein schon. Also sind Farben keine Materie.
26c ist **falsch**: „Übrigens sind Grün und Rot die ältesten Farben der Welt. Grün entstand mit dem Auftreten erster Pflanzen und Rot später mit dem Auftreten von Früchten."

27a
→ Rot …
a wandelte sich vom Symbol der Herrschenden zum Symbol der unteren Schichten.
Textstelle: „Mit der Farbe Rot wurden über Jahrtausende hinweg Herrschaftsansprüche untermalt, bis es im 19. Jahrhundert zum Sinnbild sozialer Aufstände der Unterprivilegierten wurde."
Der Ausdruck *untere Schichten* ist gleichbedeutend mit *Unterprivilegierte.*
Der Ausdruck *Herrschaftsansprüche untermalen* ist hier gleichbedeutend mit *Macht zeigen/begleiten*
27b ist **falsch**: „… neuen Produktionsformen …: Der rote Farbstoff war nicht mehr länger einer langwierigen Gewinnung unterworfen, sondern er konnte nun für die breite Masse erschwinglich hergestellt werden."
27c ist **falsch**: „Wir alle kennen Rot in der Fahne der Arbeiterbewegung. Rot wurde zum politischen Kalkül: Um die Arbeiter für die eigene Partei zu begeistern, erscheint Rot von nun an auf vielen Fahnen verschiedenster – oft auch konträrer – Parteien." Es wird lediglich gesagt, dass Rot auch auf den Fahnen anderer, konträrer Parteien erschien. Es wird nicht gesagt, dass Rot zur Unterscheidung der Parteien genutzt wurde.

28b
→ Welcher Unterschied zwischen Männern und Frauen wird angesprochen?
b Männer erkennen feine graduelle Farbunterschiede weniger gut.
Textstelle: „Frauen können nämlich auch mehr Farbnuancen wahrnehmen als Männer".
Der Ausdruck *feine graduelle Farbunterschiede* ist gleichbedeutend mit *Farbnuancen.*
28a und **28c** sind falsch: „Umso erstaunlicher ist es, dass zehn Prozent der Männer eine Rot-Grün-Blindheit haben, aber nicht einmal ein Prozent der Frauen, was möglicherweise darauf zurückzuführen ist, dass Frauen in Urzeiten für die Nahrungssuche, also das Sammeln von Beeren und Früchten, verantwortlich waren."

29c
→ Der Schmuckstein Lapislazuli wurde im Altertum …
c zum Impuls der bevorstehenden Globalisierung.
Textstelle: „Die Lapislazulistraße ist übrigens der Vorläufer der heute so berühmten Seidenstraße und öffnete neue Wege zum beginnenden weltweiten Handel."
Impuls bedeutet *Anstoß für etwas Neues.* Also wurden durch den Schmuckstein neue Wege geöffnet.
Der Ausdruck *bevorstehende Globalisierung* ist hier gleichbedeutend mit *beginnender weltweiter Handel.*
29a ist **falsch**: „Blau wurde erst vor ca. 9000 Jahren im heutigen Afghanistan entdeckt, das sogenannte Lapislazuli."
29b ist **falsch**: „… das blaue Gestein … wurde annähernd so wertvoll wie Gold."

30c
→ Warum verwenden Werbestrategen oft Blau?
c Sie möchten die Verbraucher emotional beeinflussen.
Textstelle: „Blau wird auch in der Werbebranche sehr gern eingesetzt; so sind Logos von Banken, Versicherungen oder sozialen Netzwerken in Blau gehalten, um Vertrauen und Treue zu suggerieren."
30a und **30b** sind falsch: Blau ist zwar die Lieblingsfarbe vieler Menschen, dies ist aber nicht der Grund dafür, dass die Farbe in der Werbung oft verwendet wird. Es werden zwar verschiedene Branchen genannt (Banken, Versicherungen, soziale Netzwerke), die Farbe Blau dient hier jedoch nicht zur Unterscheidung.

Schreiben

Schreiben, Teil 1

Musterlösung

Ich verfolge schon seit geraumer Zeit eure Beiträge zum Home-Office und möchte nun auch etwas dazu schreiben. Zunächst möchte ich erst einmal feststellen, dass das Arbeiten von zu Hause aus für Berufsgruppen aus der IT-Branche, Werbung, Buchhaltung und Verwaltung geeignet ist, vor allem, wenn bestimmte Bedingungen zu Hause erfüllt sind, wie z. B. schnelles Internet, Zugriff auf Datenbanken und technische Ausstattungen. Dies lohnt sich sogar für den Arbeitgeber unter dem Aspekt der Kosteneinsparung, da er weniger Bürofläche benötigt und darüber hinaus die Kosten für Strom, Wasser und Reinigung sinken. Außerdem sind viele Mitarbeiter, die am heimischen Schreibtisch arbeiten, effizienter, weil die Ablenkung durch Kollegen entfällt.
Man darf aber auch nicht vergessen, dass es für den Arbeitgeber auch einen entscheidenden Nachteil gibt: Er kann nämlich nicht kontrollieren, wie lange die Angestellten tatsächlich arbeiten. Außerdem fehlt der persönliche Austausch unter den Kollegen, der durch Online-Meetings nicht ersetzt werden kann. Das könnte zu fehlender Gruppendynamik und Kreativität führen, die für viele Unternehmen wichtig sind.
Andererseits ist der Bewegungsmangel im Home-Office ein großes Problem. Arbeitet man dagegen im Büro der Firma, ist man gezwungen, sich zu bewegen, egal ob man das Fahrrad, das Auto oder öffentliche Verkehrsmittel benutzt. Auch innerhalb des Unternehmens ist man meist zu Fuß unterwegs. Ein weiterer Vorteil sind die persönlichen Kontakte in der Firma. So läuft man weniger Gefahr, psychische Probleme durch Isolation und Einsamkeit zu bekommen. Und nicht zuletzt: Man trennt besser zwischen Arbeitszeit und Freizeit.
Allerdings stellt sich für viele Arbeitnehmer die Frage nach Home-Office gar nicht, denn ein Krankenpfleger, Kindergärtner oder Einzelhändler kann die Arbeit nicht im Home-Office bewältigen, er muss vor Ort sein.

Schreiben, Teil 2

Musterlösung

Lieber Herr Lehmann,
wie wir alle in dieser Firma stehen auch Sie unter großem Zeitdruck und ich bin mir sicher, dass Sie unser gemeinsames Projekt nicht aus den Augen verloren haben. Aber schon nächste Woche sollen wir gemeinsam unser Produkt vorstellen und ich komme im Moment nicht weiter, da mir noch Ihre Grobplanung fehlt. Ich muss aber unbedingt bis Ende der Woche eine erste Version der Präsentation entwerfen, da wir noch die Bildrechte für die Fotos einholen müssen. Sollte unsere Präsentation nicht erfolgreich sein, könnte der Auftrag für das neue Produkt an die Konkurrenz gehen und das wäre ein großer Verlust für die Firma. Was halten Sie davon, wenn wir uns morgen zusammensetzen und uns die Grobplanung gemeinsam vornehmen?
Auf eine Antwort von Ihnen freue ich mich.
Viele Grüße
Anton Wagner

5

Sprechen

Sprechen, Teil 1 – Vortrag (Thema 1)

Wenn Sie möchten, können Sie sich auch das Prüfungsbeispiel anhören.

Musterlösung

*Hinweis: Redemittel sind grau unterlegt, Konnektoren und Verweiswörter sind **fett** gedruckt.*

Prüferin: Schönen guten Tag, ich begrüße Sie herzlich zur mündlichen Prüfung. Mein Name ist Anna Magosch und ich werde jetzt die Prüfung mit Ihnen durchführen. Vielleicht können Sie sich beide kurz vorstellen, damit wir wissen, wer alles hier ist. Möchten Sie beginnen?

Kandidat 1 (Pedro): Ja, mein Name ist Pedro Sánchez, ich komme aus Mexiko, aus Guadalajara. Ich bin 23 Jahre alt und lebe seit einem Jahr in Deutschland.

Prüferin: Danke schön, dann vielleicht noch Sie?

Kandidatin 2 (Aneta): Ja gerne, ich heiße Aneta Nowak und ich komme aus Polen, aus der Stadt Posen, auf Polnisch Poznan. Ich bin vor einem halben Jahr nach Deutschland gezogen und ich interessiere mich sehr für die deutsche Sprache und die deutsche Kultur.

Prüferin: Vielen Dank. Dann kommen wir gleich zum ersten Teil der mündlichen Prüfung, das sind die Vorträge. Kandidat 1 kann dann gleich anfangen, das ist Herr Sánchez. Und Frau Nowak, wir beide hören zu und stellen Herrn Sánchez im Anschluss an seinen Vortrag einige Fragen dazu.

Kandidat 1: Gut, ich habe mich für folgendes Thema entschieden: Sollte man den Einsatz von Feuerwerkskörpern verbieten? Und, ich möchte mit einem Beispiel beginnen. In meinem Heimatland Mexiko und in vielen anderen Ländern begrüßen wir das neue Jahr mit Feuerwerkskörpern. Das ist **zwar** eine alte und sehr schöne Tradition, **aber** wir müssen auch dazulernen **und** uns nicht nur auf alte Traditionen besinnen. **Nur weil** etwas schon immer eine Tradition war, bedeutet das nicht, **dass** wir diese auch weiterführen müssen. Natürlich ist es schön, die vielen Farben am Nachthimmel zu bewundern, aber andererseits werden viele Tiere verschreckt und diese sind noch Tage nach Silvester verstört. Die Böller selbst enthalten viel Plastik und verursachen **neben dem** Lärm **auch** andere Umweltprobleme wie Feinstaub. Ein weiteres Problem ist die unsachgemäße Handhabung der Feuerwerkskörper. Jedes Jahr gibt es viele Verletzte **und** manchmal sogar Tote, **weil** Feuerwerkskörper entweder falsch benutzt **oder** aus dem Ausland **oder** dem Internet bestellt wurden. Viele dieser Böller haben kein Gütesiegel **und** sind gefährlich. Ich bin also gegen diese Raketen und Co. Noch ein letztes Argument, bevor ich mich mit dem nächsten Punkt beschäftige: Jedes Jahr geben die Deutschen Millionen von Euro aus, **nur um** ein paar Minuten ein schönes Feuerwerk **zu** haben. Dieses Geld könnte man meiner Meinung nach viel sinnvoller investieren und z. B. für einen guten Zweck spenden.

Um nicht ganz auf ein Feuerwerk zum Jahreswechsel verzichten zu müssen, könnten Städte und Gemeinden und auch Gaststätten oder Hotels für zehn Minuten Feuerwerke veranstalten. Hierfür spricht, **dass** dann die Feuerwerke von Experten gezündet werden **und** oft viel beeindruckender sind, als die von Privatpersonen. **Wenn** dabei noch Raketen benutzt würden, **die** weniger Schadstoffe enthielten, wäre die Umweltbilanz viel besser. Der Müll, **der** am nächsten Tag beseitigt werden muss, wäre auch wesentlich weniger. Und es ist ein Unterschied, **ob** Tiere schon Tage vor und Tage nach Silvester den Krach ertragen müssen **oder** nur zehn Minuten. Mit anderen Worten: Die Städte und Gemeinden sollten das Abfeuern von Raketen nicht grundsätzlich verbieten, **sondern** selbst in die Hand nehmen. Nun möchte ich noch etwas dazu sagen, **ob** es Alternativen zu Feuerwerken gibt. Also eine echte Alternative sehe ich, ehrlich gesagt, nicht. **Aber** man könnte schöne Licht- oder Lasershows mit Musik veranstalten. Ich habe **auch** im Internet gesehen, **dass** man in vielen asiatischen Städten beleuchtete Drohnen aufsteigen lässt, **die** dann zu einer Choreografie tanzen. **Das** sieht wirklich beeindruckend aus. **Solche** Shows könnte ich mir auch zu anderen Gelegenheiten vorstellen, wie etwa zu Hochzeiten oder Geburtstagen. **Natürlich** wird das nicht ganz billig sein. Zusammenfassend kann man sagen, **dass** es verschiedene, umweltschonende Alternativen zu Feuerwerken gibt, **die** aber nicht das traditionelle Feuerwerk ersetzen können. Vielen Dank für Ihre Aufmerksamkeit!

Prüferin: Ja, vielen Dank für den interessanten Vortrag. Frau Nowak, haben Sie eine Frage an Herrn Sánchez?

Kandidatin 2: Ja, auch von mir vielen Dank. Was ich nicht verstehe: Wenn es ein Gewitter gibt, dann ist es ja durch den Donner auch sehr laut und das verkraften die Tiere. Warum sollte es bei einem Feuerwerk anders sein?

Kandidat 1: Wie ich schon gesagt habe, ist es ein Unterschied, ob man ein Feuerwerk über 10 Minuten oder mehrere Stunden oder gar Tage veranstaltet. Ein Gewitter dauert ja nicht stundenlang. Also glaube ich, **dass** Tiere ein kurzes Feuerwerk aushalten können. Ich bin natürlich kein Experte für Tierschutz.

Prüferin: Ich hätte auch noch eine Frage: Sie haben von Traditionen gesprochen. Ist es nicht schade, wenn wir mit Traditionen brechen?

Kandidat 1: Wenn die Tradition sinnlos, überholt oder gar schädlich ist, **dann** sollten wir damit brechen. Ich finde, **dass** man nach vorn schauen muss. **Nur weil** wir etwas schon immer so gemacht haben, bedeutet das nicht, **dass** es richtig ist. Unsere Weihnachtsbäume haben ja **auch** elektrische Kerzen, **obwohl** unsere Großeltern echte Kerzen verwendet haben. Durch die Technologie ist es uns möglich, elektrische Kerzen zu benutzen, die – zugegeben – nicht so schön sind, **aber** wesentlich ungefährlicher. **Oder** viele Menschen haben künstliche Weihnachtsbäume statt echter Tannen im Wohnzimmer stehen, **um** die Wälder **zu** schonen. Die Zeiten ändern sich eben und mit ihnen die Traditionen.

Prüferin: Ja, vielen Dank. Dann übergebe ich gleich an die zweite Kandidatin. Das ist Frau Nowak. Bitteschön ...

Sprechen, Teil 1 – Vortrag (Thema 2)

Musterlösung

*Hinweis: Redemittel sind grau unterlegt, Konnektoren und Verweiswörter sind **fett** gedruckt.*

Kandidat 1: Mein Kurzvortrag befasst sich mit dem Thema „Sollten Erstwählerinnen und -wähler einen Pflichtkurs in Landeskunde und Politik absolvieren?" Beginnen möchte ich meinen Vortrag mit einem kurzen Beispiel aus eigener Erfahrung. Einer meiner Freunde, ein Erstwähler, hatte während der letzten Parlamentswahlen eine bestimmte Partei gewählt, **weil** er deren Wahlversprechen glaubte. Ein Jahr nach den Wahlen wurde ihm klar, **dass** die Partei nichts von ihren Versprechen umgesetzt hatte. Er hatte also falsch gelegen. Vor den Wahlen jedoch war er davon überzeugt, die richtige Partei zu wählen.

Deshalb finde ich die Diskussion darüber, ob Erstwähler einen Kurs besuchen sollten, **in dem** sie über die verschiedenen Parteiprogramme aufgeklärt werden und Unterricht in Landeskunde und Politik erhalten, sehr wichtig. Meines Erachtens bringt solch ein obligatorischer Kurs keinen Nutzen für die Erstwähler. **Auch wenn** ich auf der anderen Seite davon überzeugt bin, **dass** man einige junge Menschen motivieren sollte, sich aktiver mit Politik zu beschäftigen. **Denn** jede Wählerstimme ist wichtig **und** man sollte nicht leichtfertig mit seiner Stimme umgehen. **Aber** die jungen Leute zu einem Kurs zu zwingen, halte ich für undemokratisch. **Das** könnte ins Gegenteil umschlagen, und die Erstwähler fühlen sich unter Druck gesetzt **und** wählen dann vielleicht Parteien, die behaupten, wir würden nicht in einer Demokratie aufwachsen, **sondern** in einem Unrechtsstaat, **in dem** man die Wähler zu Wahlveranstaltungen oder politischen Kursen zwingt. **Das** spielt radikalen Parteien in die Hände, **die** von Lügenpresse und Unfreiheit in unserem politischen System sprechen.

In meinem Heimatland beginnt die politische Erziehung im Elternhaus und in der Schule. **Dort** werden demokratische Werte vermittelt und die Jugendlichen werden mit dem Wahlsystem meines Heimatlandes vertraut gemacht. Außerdem gibt es gerade vor Kommunal- oder Parlamentswahlen viele Wahlveranstaltungen, **die** die Jugendlichen besuchen können. **Aber** leider findet man auf diesen Veranstaltungen eher ältere Menschen als junge Leute. Vielleicht informieren sich ja die Jugendlichen in sozialen Netzwerken über die Kandidatinnen

und Kandidaten. Ich habe **aber dennoch** den Eindruck, **dass** es unter den Jugendlichen eine Art Politikverdrossenheit gibt. Viele von ihnen sind der Meinung, **dass** sie die Politik sowieso nicht mitgestalten können.
Hier muss der Staat eine Strategie finden, **wie** man die Jugendlichen wieder an die Politik heranführen kann. Eine Möglichkeit wäre, die Diskussionskultur unseres Landes zu verbessern. **So** könnten die Jugendlichen schon in der Schule lernen, wie man argumentiert, ohne sein Gegenüber ständig lautstark zu unterbrechen, ein Verhalten, **das** ich leider häufig bei Fernsehdiskussionen beobachte. Nach dem Motto: Wer schreit, hat recht. Ein anderes Problem ist, **dass** viele Diskussionsteilnehmer nur ihre Meinung durchsetzen wollen, **ohne** auf die Argumente des anderen **zu** achten. Mit anderen Worten: Man sollte schon in der Schule lernen, wie man eine seriöse Diskussion führt. **Darüber hinaus** könnte man in der Schule Rollenspiele einführen: Jeder muss einmal die Position von jeder Partei einnehmen. **Auf diese Weise** kann man sich mit den Parteiprogrammen vertraut machen **und** auch einen Perspektivwechsel vornehmen. **Aber** Erstwähler zu einem Kurs zu zwingen halte ich für den falschen Weg.
Damit möchte ich meinen Vortrag schließen und mich bei Ihnen für Ihre Aufmerksamkeit bedanken.
Kandidat 2: Vielen Dank für Ihren interessanten Vortrag. Ich hätte allerdings noch eine Frage: Kann man sich Ihrer Meinung nach tatsächlich in sozialen Netzwerken über Parteien und Politikerinnen und Politiker informieren?
Kandidat 1: Ich denke schon. Die sozialen Netzwerke sind ja ein Medium, **wo** Nachrichten usw. gepostet werden. **Außerdem** hat jede Partei und jeder Politiker ein Profil bei den bekanntesten Netzwerken. Natürlich ist man **dort** genauso wenig vor Fake News und Manipulationen gefeit wie bei allen anderen Medien. **Nichtsdestotrotz** bekommt man **aber dennoch** seriöse Informationen **oder** man erhält Einladungen zu Veranstaltungen, **wo** man unter einem bestimmten Gesichtspunkt gemeinsam
6 Wahlprogramme liest. Das macht ja auch viel mehr Spaß.
Prüfer/in: Und was für Gesichtspunkte könnten das sein?
Kandidat 1: Also, ich denke da zum Beispiel an ...

Sprechen, Teil 2 – Diskussion

Wenn Sie möchten, können Sie sich auch das Prüfungsbeispiel anhören.
Musterlösung
*Hinweis: Redemittel sind grau unterlegt, Konnektoren und Verweiswörter sind **fett** gedruckt.*
Prüferin: Kommen wir nun zum zweiten Teil der mündlichen Prüfung. Hier sollen Sie miteinander über das Thema *Bilinguale Erziehung* diskutieren. Sie haben einen gemeinsamen Freund, der seine Kinder bilingual erziehen möchte. Bevor Sie mit Ihrem Freund darüber sprechen, diskutieren Sie zuerst zu zweit darüber.
Kandidat 1: Also ich habe kürzlich etwas über bilinguale Erziehung in einer Zeitschrift gelesen und da stand, **dass** bilinguale Erziehung von Kindern dazu führt, **dass** die Kinder später zwei Sprachen auf muttersprachlichem Niveau beherrschen. **Das** empfinde ich als großen Vorteil einsprachigen Kindern gegenüber.
Kandidatin 2: Dem kann ich nicht ganz zustimmen, **zumal** ich Kinder kenne, die die eine Sprache muttersprachlich beherrschen und sich in der anderen zwar gut verständigen können, **aber** nicht auf muttersprachlichem Niveau. Sie fühlen sich in einer der beiden Sprache zu Hause und in der anderen eher nicht.
Kandidat 1: Ich glaube, du bringst da etwas durcheinander. **Wenn** beide Elternteile jeweils eine andere Muttersprache sprechen, **dann** sollten sie mit dem Kind nur in ihrer eigenen Muttersprache kommunizieren. Befolgen sie das, **dann** spricht das Kind später beide Sprachen perfekt. **Wenn** die Elternteile dem Kind gegenüber zwischen Mutter- und Fremdsprache wechseln, kann das passieren, **was** du gesagt hast. Das gleiche Phänomen kann auftreten, **wenn** das Kind die zweite Fremdsprache im Kindergarten lernt.
Kandidatin 2: Da magst du recht haben, **aber** es gibt auch Kinder, die keine Sprache muttersprachlich beherrschen. Vielleicht, **weil** sie häufig umgezogen sind, also in andere Länder. Oder **weil** die Eltern die Fremdsprache gar nicht so gut beherrschen und trotzdem mit dem Kind in dieser Fremdsprache kommuniziert haben.
Kandidat 1: Das habe ich ja vorhin gemeint, als ich sagte, **dass** Eltern unbedingt in ihrer Muttersprache mit dem Kind sprechen sollten. Ich finde es eigenartig, **wenn** deutschsprachige Eltern mit ihrem Kind Englisch oder Russisch sprechen, **wenn** sie selbst diese Sprachen gar nicht gut beherrschen. **Und wenn** diese Familie dazu noch im Ausland lebt, wo vielleicht wieder eine andere Sprache gesprochen wird, **dann** verwirrt das das Kind.
Kandidatin 2: Ich glaube, der Hintergedanke bei solchen Eltern ist, **dass** sie ihre Kinder möglichst optimal auf deren Berufsleben vorbereiten wollen. Das ist mir zu viel Druck. Es gibt andere Dinge, **die** meiner Meinung nach wichtiger sind als Bilingualität. Jedes Kind hat besondere Fähigkeiten und Talente, auf die man achten sollte und die man fördern sollte. Es muss vor allem spielen. Das kann es natürlich auch beim Sprachenlernen.
Aber grundsätzlich lohnt sich ein entspannter Umgang mit dem Nachwuchs. Leistungsdruck hat bei der Erziehung nichts zu suchen. Alle Eltern wollen ihren Kindern einen optimalen Start ins Leben ermöglichen, da ist es am besten, **wenn** die Eltern auch auf ihre Intuition hören.
Kandidat 1: Da hast du völlig recht. Sport, überhaupt viel Bewegung, Geborgenheit und Zuneigung sind ganz wichtig bei der frühkindlichen Förderung. Oder auch das Vorlesen von Geschichten, das gemeinsame Sehen von Filmen usw. Ich glaube, da sind wir uns einig.
Kandidatin 2: Ja. Zusammenfassend kann man sagen, **dass** bilinguale Erziehung von Vorteil ist, **wenn** man bestimmte Regeln beachtet. **Aber** das Kind muss sich wohlfühlen und sollte nicht unter Leistungsdruck stehen.
Und das sollten wir unserem Freund auch mitteilen.

Modelltest 2

Steigerung der Anforderungen

→ Erhöhen Sie jetzt die Anforderungen an sich selbst und bearbeiten Sie nun die Module Lesen, Hören, Schreiben und Sprechen im Ganzen. Wenden Sie die Lösungsstrategien an, die Sie bei der Bearbeitung von Modelltest 1 erworben haben.

→ Achten Sie während der Bearbeitung der Module darauf, wie lange Sie für welchen Teil benötigen.

→ Versuchen Sie jetzt, die Lösungen ohne Hilfsmittel und ohne das Nachschlagen im Lösungsschlüssel zu finden und den jeweils vorgegebenen Zeitrahmen einzuhalten. Wenn Ihnen das nicht gelingt, ist das nicht so schlimm. Es gibt noch Modelltest 3 und 4.

→ Wir empfehlen Ihnen bei größeren Schwierigkeiten, mit dem Übungsbuch zu arbeiten. Durch eine Vielzahl an Übungen trainieren Sie dort die spezifischen Herausforderungen der einzelnen Prüfungsaufgaben.

→ Tragen Sie alle Lösungen wie in der Prüfung in die separaten Antwortbögen ein. In der Prüfung wird nur gewertet, was im Antwortbogen steht.

vorgeschlagene Arbeitszeit: **10 Minuten**

Teil 1

Sie lesen in einer Zeitschrift einen Artikel über Archäologie.
Wählen Sie für jede Lücke die richtige Lösung.

Das verraten die Gene des Pompejaners

Forschungsteam entschlüsselt 2000 Jahre altes Erbgut

Wissenschaftlerinnen und Wissenschaftler aus Italien haben erstmals große Teile des Erbguts eines Menschen sequenziert, der vor fast 2000 Jahren in Pompeji **Beispiel 0** Ausbruch des Vesuvs umgekommen ist. Dabei fanden sie heraus, dass der Mann womöglich von Sardinien stammte und seine Vorfahren über das Gebiet des heutigen Irans und über Anatolien nach Europa gelangt 1 … .

Im Jahr 79 kam es zu mehreren gewaltigen Ausbrüchen des südöstlich von Neapel gelegenen Vulkans Vesuv. 2 … wurden die römischen Städte Herculaneum, Stabiae, Oplontis und Pompeji von Asche und anderen vulkanischen Materialien bedeckt. In Pompeji starben etwa 2000 Menschen, 3 … noch nicht aus der Stadt geflohen waren, durch einen mehrere 100 Grad Celsius heißen pyroklastischen Strom – ein 4 … aus heißer Asche, Gasen und Gesteinsstücken.

Normalerweise zerstört große Hitze Knochenstrukturen und 5 … auch den Erbgutträger DNA. Es wurde jedoch festgestellt, dass auch genau das Gegenteil vorkommen kann: die pyroklastischen Materialien bedecken die Überreste und somit 6 … die DNA vor Umwelteinflüssen abgeschirmt.

In den Knochen eines Toten – genannt Individuum A – fanden Scorrano und Kolleginnen und Kollegen gut erhaltene DNA. Vergleiche des rekonstruierten Erbguts mit Genomen in verschiedenen Gen-Datenbanken ergaben, dass der Mann zu 30,5 Prozent Gene aus der iranischen Jungsteinzeit und zu 51,6 Prozent Gene aus der anatolischen Jungsteinzeit in sich trug. Außerdem stammten 4,4 Prozent von westlichen Jägern und Sammlern und 13,5 Prozent von der Jamnaja-Kultur, die sich in der Bronzezeit aus der Region nördlich des Schwarzen Meeres bis weit nach Europa 7 … .

Das Forscherteam beschränkte sich nicht auf genetische Analysen, sondern untersuchte auch anatomische Eigenschaften des Pompejaners. An zwei Lendenwirbeln entdeckten die Wissenschaftlerinen und Wissenschaftler Veränderungen, die auf eine Tuberkulose der Wirbelsäule hindeuteten. Sie untersuchten auch ein Individuum B, eine etwa 50 Jahre alte Frau, die neben dem Mann gefunden worden war. Bei ihr war der 8 … an genetischem Material jedoch für weitere Analysen zu gering.

Beispiel:

	a	b	c	d
0	☒ beim	nachdem	während	wegen
1	haben	hatten	müssten	waren
2	Für die Dauer	Im Laufe der Zeit	In deren Verlauf	Solange
3	deren	die	was	wo
4	Gemisch	Mischung	Vermengen	Vielfalt
5	dafür	damit	daraus	davon
6	hat	kann	war	wird
7	erweiterte	verbreitete	vergrößerte	verteilte
8	Ergebnis	Erlös	Ernte	Ertrag

vorgeschlagene Arbeitszeit: **20 Minuten**

Teil 2

Sie lesen im Internet einen Artikel über eine Studie zum Thema Spielen.
Wählen Sie bei jeder Aufgabe die richtige Lösung.

RATGEBER FAMILIE
Spielen – aber wie?

Weniger ist einfach mehr! Das haben schon unsere Großeltern gesagt und das gilt in vielen Bereichen, zum Beispiel auch bei Spielzeug für Kinder. Eine aktuelle Untersuchung zu diesem Thema, die jüngst in einer deutschen Zeitschrift veröffentlicht wurde, hat ergeben: Kaufen oder schenken wir unseren Kindern zu viele Spielsachen, leidet deren Kreativität sowie die Spielqualität und die Kinder werden leichter abgelenkt. Ein Ergebnis, das viele Eltern sicherlich schon vorausgeahnt hatten.

Insgesamt wurden rund 40 Kinder für die Studie rekrutiert. Die eine Hälfte der Kinder musste innerhalb von 30 Minuten in einem Raum mit vier Spielzeugen spielen, die andere Hälfte im gleichen Zeitraum in einem Raum mit viermal so viel Spielzeug. Die Wissenschaftler fanden dabei heraus, dass diejenigen Kinder viel kreativer waren, die weniger Spielzeug zur Verfügung hatten. Sie spielten doppelt so lange wie die anderen Kinder und dachten sich neue Nutzungsmöglichkeiten für ihr Spielzeug aus, verlängerten und erweiterten also ihr Spiel. Fehlten aus dem Spielzeugangebot der anderen Gruppe plötzlich mehrere Spiele, arrangierten sich die Kinder schnell mit dem übriggebliebenen Spielzeug und wurden kreativer und sogar sozialer: Sie teilten sich das Spielzeug, obwohl es während der Zeit des Überangebots ständig Streitereien gab.

Natürlich entwickeln sich unsere Sprösslinge während des Kleinkindalters ständig weiter. Was jedoch ihre Aufmerksamkeit betrifft, sind sie noch nicht in der Lage diese zu kontrollieren. Diese Funktion wird erst später im Leben entwickelt. Liegt zum Beispiel im Kleinkindalter zu viel Spielzeug griffbereit, so führt das zur Ablenkung und das Spielverhalten wird gestört. Die Kids beschäftigen sich nur oberflächlich mit einem Spielzeug und gehen einfach zum nächsten über. Auch die Dauer des Spiels wird kürzer und es stellt sich schnell Langeweile ein.

Frust kommt beim Kind allerdings nicht nur durch zu viel Spielzeug auf, sondern auch, wenn die Eltern sich zu wenig mit ihm beschäftigen. Zum Beispiel wenn sie ihm sagen, es solle in sein Zimmer spielen gehen, weil Mama und Papa jetzt fernsehen wollen. Wir, die Erwachsenen, müssen Angebote machen, an denen das Kind im jeweiligen Alter Spaß hat. Wir müssen mit unserem Nachwuchs kommunizieren, zuschauen, wie und womit er gerne spielt und einfach auch mal mitspielen. Vielleicht entdecken wir dabei seine Talente sowie Interessen und können diese weiter ausbauen. So entgehen wir der Gefahr, Spielzeug zu kaufen, das unserem Kind weniger zusagt.

Dabei ist es zunächst eine sekundäre Frage, ob man den Kindern Holzspielzeug, Plastikspielzeug oder Küchenutensilien anbietet. Für ein Kleinkind ist alles Spielzeug, wenn es dadurch lernt und es physisch und psychisch vorangebracht wird. Das bedeutet natürlich nicht, dass man sein Kind nicht auch dirigieren kann, also es beispielsweise nur mit Naturmaterialien spielen lässt oder ihm Spielzeug gibt, das es in eine bestimmte Richtung lenkt, etwa Autos, weil Papa will, dass seine Tochter mal Automechatronikerin wird. Aber man sollte keine Ideologie daraus machen. Spielzeug soll anregen und helfen, die nächste Stufe der Entwicklung zu erobern. Immer vorausgesetzt, dass das Kind nicht in Gefahr gerät, zum Beispiel durch verschluckbare Teile.

Ob ein Spielzeug besonders förderlich sei oder nicht, hänge zum einen natürlich vom Alter des Kindes ab, wie die Wissenschaftler betonen. Jedes Blatt, jeder kleine Stock im Wald kann von Interesse sein und die Fantasie anregen. Aber richtig gutes Spielzeug erkennt man, wenn es kaputt gegangen ist: Führt es das Kind dazu, zu überlegen, warum das Spielzeug kaputt ist oder ob und wie es sich vielleicht reparieren lässt, dann ist das Interesse geweckt und das Objekt wird nicht einfach weggeworfen oder bleibt unbeachtet in der Ecke liegen.

In der Studie wird zudem betont, dass Kinder auch eine Möglichkeit zum Herumtollen haben müssen – und das weniger in Schulen oder Kindergärten. Gerade in Großstädten müssen Bedingungen geschaffen werden, damit Kinder im Freien spielen können. Das klassische Spielen auf der Straße gibt es heute natürlich nicht mehr, aber wir sollten dafür sorgen, dass möglichst viele unbebaute Flächen zu Kinderspielplätzen, Grünflächen und Parks werden. Es sollten auch mehr Spielstraßen entstehen, so dass unsere Kinder Vorfahrt haben und nicht unsere Autos. Und Klagen aus der Nachbarschaft wegen zu laut spielender Kinder sollten der Vergangenheit angehören.

9 Die Studie thematisiert …

- a das Einkaufsverhalten der Eltern in Spielzeuggeschäften.
- b das Spielverhalten der Eltern in ihrer Kindheit.
- c die Quantität von Spielsachen.

10 Was geschieht, wenn man Kindern weniger Spielzeug anbietet?

- a Sie fokussieren sich auf mehrere Spielzeuge.
- b Sie gehen produktiver damit um.
- c Spielzeug wird oft zum Streitobjekt.

11 Was könnte ein Zuviel an Spielzeug erzeugen?

- a Ein Aufmerksamkeitsdefizit im späteren Leben.
- b Einen Kontrollverlust über die Spielzeit.
- c Weniger Intensität und Aufmerksamkeit beim Spielen.

12 Welche Tipps geben die Expertinnen und Experten?

- a Das Kind soll möglichst allein sein Spielzeug entdecken.
- b Man soll Anreize zum Spielen schaffen.
- c Man soll das Interesse des Kindes auch auf andere Spiele lenken.

13 Was für Spielzeug sollten Eltern auswählen?

- a Alle Gegenstände, die zur Entfaltung des Kindes beitragen.
- b Gegenstände, die das Kind in eine bestimmte Laufbahn steuern.
- c Vor allem pädagogisch und ökologisch nachhaltiges Spielzeug.

14 Woran erkennt man gutes Spielzeug? Es …

- a geht nicht so schnell kaputt.
- b lässt sich leicht reparieren.
- c motiviert das Kind zu Lösungsansätzen.

15 Was sollte in der Städteplanung berücksichtigt werden?

- a Bewohnerinnen und Bewohner sollten durch den Lärm von Kindern nicht gestört werden.
- b Es sollten mehr Einrichtungen für Kinder gebaut werden.
- c Kinder brauchen mehr Gelegenheiten zum Toben.

vorgeschlagene Arbeitszeit: **20 Minuten**

Teil 3

Sie lesen in einer populärwissenschaftlichen Zeitschrift einen Kommentar.
Welche Sätze passen in die Lücken? Zwei Sätze passen nicht.

Wer treibt die Energiewende voran?

Ja, wir hören es täglich: Wir wollen weg von fossilen Energieträgern und hin zu regenerativen Energiequellen wie Sonne und Wind, was ja auch schon gut angelaufen ist. [Beispiel 0] Und das mit Energieprojekten, von denen alle etwas haben.

Vor einigen Jahren war es endlich so weit: Erstmalig wurde in Europa mehr Strom aus Sonne, Wind und Biomasse produziert als durch Kohle. [16 ...] Deshalb ist die Bundesregierung auch bestrebt, in zehn Jahren den Ökostrom-Anteil auf mindestens 65 Prozent, wenn nicht sogar noch wesentlich mehr, zu erhöhen. [17 ...] Entsprechend waren laut einer Studie des Bundeswirtschaftsministeriums fast eine halbe Million Menschen im letzten Jahr im Bereich der erneuerbaren Energien beschäftigt. Das waren wesentlich mehr als im Vorjahr.

Ein Problem – und damit ein entscheidender Kritikpunkt – ist die Abhängigkeit erneuerbarer Energien von den Witterungsbedingungen. Was geschieht, wenn es zu wenig Wind oder Sonne gibt? [18 ...] Dabei gelten insbesondere innovative Stromspeicher als ein Teil der Lösung. Die Energiewende beruht ja auch auf technologischen Neuerungen, mit denen man unter anderem durch zu viel oder zu wenig Wind oder Sonne verursachte Stromschwankungen in den Griff bekommen kann. [19 ...] Um die Netzfrequenz stabil zu halten, müssen deshalb Kraftwerke hoch- oder runtergefahren werden.

Stromspeicher sollen nun also die Ökostromquellen planbarer und verlässlicher machen. [20 ...] Apropos nutzen: Was bedeutet es eigentlich, wenn wir Verbraucher uns für Stromanbieter entscheiden, die Ökostrom zur Verfügung stellen? Bekommen wir dann automatisch 100 Prozent Ökostrom und unser Nachbar vielleicht Atomstrom? Mitnichten. Denn in allen Leitungen fließt derselbe Strom. Aber: Wechseln wir zu Ökostrom, wird der Anteil an Ökostrom im Netz um das erhöht, was wir verbrauchen. Es fließt folglich bei uns Verbrauchern mehr grüner Strom. Die Stromproduktion an sich wird also umso umweltfreundlicher, je mehr Menschen sich für Ökostrom entscheiden.

Aber wir Verbraucher haben auch noch andere Instrumente in unserer Hand, um eine nachhaltige Energiewende umzusetzen. So können wir sogenannte Bürgeraktien erwerben, mit denen wir uns an Unternehmen beteiligen und diejenigen unterstützen, die beispielsweise nur grünen Strom produzieren. [21 ...] Greift man auf gelabelte Produkte zurück oder möchte diese fördern, sollte man sich vorher im Internet über die Geschäftspolitik des Unternehmens genauestens informieren. Denn manchmal bekommen auch Stromanbieter ein Öko-Label, obwohl sie neben Ökostrom fossilen Strom anbieten. Mit der Wahl des richtigen Stromanbieters können wir also ein wichtiges politisches Signal zugunsten der erneuerbaren Energien senden.

Jedoch müssen wir bei der Energiewende eine gemeinsame Linie verfolgen, also ist auch die Politik in der Pflicht. Jedes Unternehmen braucht einen verlässlichen Rahmen, statt eines ständigen Veränderns. [22 ...] Beispielsweise hatte es in der Vergangenheit oft wechselnde Vorgaben für den Bau von Erneuerbare-Energien-Anlagen und das Einspeisen von regenerativem Strom gegeben, die zu Unsicherheit in der Energie- und Bauwirtschaft führten und neue Investoren eher abschreckt als sie anzuziehen. Allen Widrigkeiten zum Trotz: [23 ...] Und dass dabei ausgerechnet die häufig verachteten Unternehmer und Kapitalgeber die Energiewende forcieren, ist zwar für viele von uns überraschend, aber dennoch folgerichtig. Das geht jedoch nur Hand in Hand mit der Politik und uns Bürgern.

Beispiel:

0 Damit der bisherige Erfolg der Energiewende jedoch anhält, müssen Wirtschaft, Politik und Bürger an einem Strang ziehen.

a Manchmal wird nämlich zu wenig und manchmal deutlich zu viel Strom ins Netz eingespeist.

b Hier kann eine Verzahnung von Windenergie, Photovoltaik sowie neuen Technologien Abhilfe schaffen.

c Gemeint sind gesetzliche Veränderungen.

d Das rief natürlich sofort Umweltschützer auf den Plan.

e Wen verwundert da der dynamische Aufschwung umweltfreundlicher Energien?

f Auf diese Weise kann eine zeitweise hohe Überproduktion flexibel gespeichert und genutzt werden.

g Mit diesem Ereignis hatte niemand gerechnet.

h Doch hier ist Vorsicht geboten.

i Die Energiewende wird sich durchsetzen.

j Dieser Trend soll sich fortsetzen.

vorgeschlagene Arbeitszeit: **15 Minuten**

Teil 4

Sie lesen in einer Fachzeitschrift Beiträge von Wissenschaftlerinnen und Wissenschaftlern.
Wählen Sie bei jeder Aussage: Wer äußert das? Zwei Aussagen passen nicht. Markieren Sie in diesem Fall 0.

Beispiel:

0 Der Einsatz von Robotern ist wirtschaftlich effektiver. [a]

24 Menschen sind oft ungeeignet, bestimmte Bereiche zu erforschen. ☐

25 Aus Kostengründen sollte man unbemannte Raumflüge bevorzugen. ☐

26 Roboter werden dem Menschen in Bezug auf Kompetenzen überlegen sein. ☐

27 Missionen im Weltall sollten terminlich verzögert werden. ☐

28 Roboter können bemannte Missionen effektiv vorbereiten. ☐

29 Der vollständige Ersatz des Menschen durch Roboter erfolgt in den nächsten Jahrzehnten. ☐

30 Roboter sind für die Forschung effektiver als Menschen. ☐

Zukunftsfragen unserer Gesellschaft

Bemannte Raumfahrt

a Frank Neumann, Professor für Planetenforschung

Natürlich ist es wesentlich kostengünstiger, die Erkundung von Planeten mit Robotern zu betreiben. Andererseits ist das häufig erwähnte Argument, dass beispielsweise Geologinnen und Geologen vor Ort nicht zu ersetzen seien, nicht von der Hand zu weisen. Die riesigen Mehrkosten allerdings, die beim Einsatz von Menschen im All entstehen, scheinen mir, trotz des erwähnten Vorteils, nicht gerechtfertigt. Würde man dieses Geld bei rein robotischen Missionen verwenden, könnte man ungleich mehr wissenschaftliche Ergebnisse erzielen als bei bemannten Raumflügen. Zudem können Roboter auch viel gefährlichere Missionen übernehmen, auf die wir Astronautinnen und Astronauten aus Sicherheitsgründen niemals schicken würden. Und wir sollten die Tatsache nicht vergessen, dass die Fähigkeiten von Robotern immer besser werden. Sie sind außerdem weitaus pflegeleichter und brauchen weder Sauerstoff noch Nahrung. Interessante Forschungsmissionen mit Robotern oder Sonden könnten aus finanziellen Motiven heraus auf der Strecke bleiben, wenn wir weiterhin bemannte Raumflüge forcieren.

b Gesine Szöcs, Vorstand für Raumfahrtforschung

Als ich vor zwanzig Jahren anfing zu studieren, hieß es: Spätestens ab dem nächsten Jahrzehnt werden wir über intelligente Roboter verfügen, die den Menschen im Weltraum komplett ersetzen werden. Ich war damals schon skeptisch und wie sich später herausstellte, war das tatsächlich eine totale Fehleinschätzung. Menschen können im Gegensatz zu Robotern die Vielzahl von unterschiedlichen Informationen zwar langsamer, dafür aber oft auch besser, verarbeiten. Es ist ja kein Zufall, dass auch in der Antarktisforschung, trotz äußerst harter Bedingungen, immer noch Menschen eingesetzt werden. Selbstverständlich können wir auf Roboter in der Raumfahrt nicht verzichten. Mein Vorschlag: Sollte es bei der bemannten Raumfahrt tatsächlich am Geld scheitern, dann müsste man die Raumfahrtprogramme eben zeitlich strecken. Außerdem müssen wir dank fortschreitender Technik nicht mehr so viele Bereiche vor Ort erforschen, sondern können das von der Erde aus tun.

c Haile Bikila, Dozent für Sonnensystemforschung

Menschen sind Robotern weit voraus, deshalb brauchen wir bemannte Flüge. Unsere sensorischen und kognitiven Fähigkeiten kann keine Maschine aufweisen. Dennoch sind Roboter in der Raumfahrt sehr wichtig. Mensch und Roboter können sich hervorragend ergänzen. Viele Regionen können wir Menschen aufgrund unserer physischen Beschaffenheit und aufgrund noch nicht ausgereifter Technik nicht selbst erkunden. Hier kommen Roboter ins Spiel. Sie können auch gefährliche Aufgaben übernehmen, wie beispielsweise die Untersuchung von Asteroiden, die unsere Erde bedrohen. Roboter können aber auch gezielte Vorarbeit leisten, bevor eine bemannte Mission zum Mars oder zum Mond startet. So können die Menschen ganz konkret wissenschaftlich interessante Ziele ansteuern und erforschen. Ein ganz anderes Kapitel ist der Weltraumtourismus, welcher noch in den Kinderschuhen steckt. Hier glaube ich aber, dass es in 50 Jahren ganz normal sein wird, dass Menschen ihren Urlaub im Weltraum verbringen.

Circa 40 Minuten für Hören Teil 1 bis 4

7

Teil 1

Sie hören einen Podcast über neue Kinofilme.

Sie hören den Text ***einmal****. Wählen Sie bei jeder Aufgabe, zu welchem Film die Aussage passt.*
Lesen Sie jetzt die Aufgaben 1 bis 6. Dazu haben Sie 60 Sekunden Zeit.

Beispiel:

0 In dem Film geht es um die Verfälschung von Tatsachen.

- [x] a Film 1 – Alles, was recht ist
- [ ] b Film 2 – Wien ruft
- [ ] c Film 3 – Alter schützt vor Toren nicht

1 Die Erwartungen des Protagonisten werden enttäuscht.

- [ ] a Film 1
- [ ] b Film 2
- [ ] c Film 3

2 Die Rollenbesetzung ist dem Regisseur geglückt.

- [ ] a Film 1
- [ ] b Film 2
- [ ] c Film 3

3 Der Moderator lobt den Witz der Filmemacher.

- [ ] a Film 1
- [ ] b Film 2
- [ ] c Film 3

4 Der Film thematisiert die Bestechlichkeit innerhalb der Justiz.

- [ ] a Film 1
- [ ] b Film 2
- [ ] c Film 3

5 Der Film ist am Anfang amüsant, wird dann aber ernst.

- [ ] a Film 1
- [ ] b Film 2
- [ ] c Film 3

6 Der Film hat gute Chancen, Filmpreise zu gewinnen.

- [ ] a Film 1
- [ ] b Film 2
- [ ] c Film 3

8

Teil 2

Sie hören ein Radiointerview mit einer Persönlichkeit aus der Wissenschaft.

*Sie hören den Text **zweimal**. Wählen Sie bei jeder Aufgabe die richtige Lösung. Lesen Sie jetzt die Aufgaben 7 bis 15. Dazu haben Sie 60 Sekunden Zeit.*

7 Frau Friedrich kritisiert die Art der Vermittlung mathematischer Kenntnisse.
a stimmt b stimmt nicht c dazu wird nichts gesagt

8 Frau Friedrich findet, dass durch digitales Lernen die Realität verfälscht wird.
a stimmt b stimmt nicht c dazu wird nichts gesagt

9 Die Regierung sollte den Lehrerberuf angemessen honorieren.
a stimmt b stimmt nicht c dazu wird nichts gesagt

10 Es gibt Jugendliche, die das Abstraktionsvermögen mit steigendem Alter verlieren.
a stimmt b stimmt nicht c dazu wird nichts gesagt

11 Defizite im Fach Mathematik sind auch zeitlichen Restriktionen geschuldet.
a stimmt b stimmt nicht c dazu wird nichts gesagt

12 Im Lehramtsstudium sollte vermittelt werden, dass es unterschiedliche Lernertypen gibt.
a stimmt b stimmt nicht c dazu wird nichts gesagt

13 Frau Friedrich arbeitet mit Schülerinnen und Schülern an einem Projekt zur Berechnung der jährlichen Weizenernte.
a stimmt b stimmt nicht c dazu wird nichts gesagt

14 Frau Friedrich plädiert für die individuelle Förderung einzelner Lernender innerhalb der Lerngruppe.
a stimmt b stimmt nicht c dazu wird nichts gesagt

15 Schreiben und Rechnen sind geschichtlich gesehen parallel entstanden.
a stimmt b stimmt nicht c dazu wird nichts gesagt

9

Teil 3

Sie hören ein Gespräch mit mehreren Personen über nachhaltiges Reisen.

Sie hören den Text in vier Abschnitten jeweils ***einmal****. Zu jedem Abschnitt gibt es zwei Aufgaben. Wählen Sie bei jeder Aufgabe die richtige Lösung. Vor dem Hören eines Abschnitts haben Sie 30 Sekunden Zeit, um die zwei Aufgaben zu lesen.*

16 Frau Glauck wird in naher Zukunft …

a den Urlaubsaufenthalt ausdehnen.

b eine Fernreise machen.

c mit der Bahn an ihren Ferienort gelangen.

17 Herr Dung sagt, dass die meisten deutschen Urlauberinnen und Urlauber …

a die Natur genießen wollen.

b heutzutage nachhaltig reisen.

c ihre Vorsätze nicht umsetzen.

18 Die Tourismusindustrie …

a bietet zunehmend Reisen mit langer Aufenthaltsdauer an.

b entwickelt neue Maßstäbe für die Reisebranche.

c unterstützt Klimaschutz, wenn es sich rentiert.

19 Die Idee des Reisens in einer Vakuumröhre …

a hatte schon Jules Verne.

b ist noch eine Utopie.

c wird bereits erprobt.

20 *Slow Travel* bedeutet …

a auf dem Land- oder Wasserweg zu reisen.

b die Welt zu Fuß oder per Autostopp zu erkunden.

c sich bis zum Reiseziel Autos mit anderen zu teilen.

21 Kreuzfahrten wären wieder ökologisch legitim, wenn …

a beim Bau der Schiffe auf Plastik verzichtet wird.

b deren Antrieb auf nachhaltiger Basis beruht.

c die Kapazität an Passagieren erhöht wird.

22 Was wird die Digitalisierung u. a. bringen?

- a Auch Ortsunkundige werden sich abseits der Sehenswürdigkeiten zurechtfinden.
- b Der leichtere Zugang zu Sehenswürdigkeiten erhöht die Besucherzahl.
- c Der Ticketverkauf wird durch den Einsatz verschiedener Apps optimiert.

23 Wie kann Virtual Reality das Reisen verändern?

- a Man braucht vor Ort seltener eine Reiseführerin oder einen Reiseführer.
- b Man hat konkretere Erwartungen an das Reiseziel.
- c Man wird kaum noch an Originalschauplätze fahren.

10

Teil 4

Sie hören einen Vortrag über die Wechselbeziehung zwischen Kultur und Globalisierung.

Sie hören den Text ***zweimal.*** *Wählen Sie bei jeder Aufgabe die richtige Lösung. Lesen Sie jetzt die Aufgaben 24 bis 30. Dazu haben Sie 90 Sekunden Zeit.*

24 Was bedeutet Hyperkultur?

- a Eine Kultur dominiert die anderen Kulturen.
- b Jemand wird von seiner eigenen Kultur beherrscht.
- c Mehrere Kulturen stehen ebenbürtig auf gleicher Stufe.

25 Was symbolisieren die Fast-Food-Ketten u. a.? Die …

- a Aufhebung objektiv vorhandener Unterschiede.
- b Verdrängung einheimischen Kulturgutes.
- c zunehmende weltweite Verflechtung.

26 Worin besteht die Kritik an den Kaffeehaus-Ketten? Sie …

- a drängen schwächeren Konkurrenten ihre Produkte auf.
- b entziehen sich der ökologischen Verantwortung.
- c umgehen bestimmte Abgaben an den Staat.

27 Welche Befürchtung besteht in Bezug auf das Fernsehen?

- a Die Individualität der Kulturen geht verloren.
- b Einschaltquoten bestimmen das Fernsehprogramm.
- c Unterhaltungssendungen werden überhandnehmen.

28 Die internationale Musikindustrie …

- a fördert eher erfolgreiche Künstler.
- b orientiert sich am Geschmack der Jugendlichen.
- c passt sich auch nationalen Märkten an.

29 Was erfährt man über bestimmte Umweltlabel? Sie …

- a bescheinigen ein scheinbar nachhaltiges Verhalten.
- b stellen hohe Anforderungen an die Unternehmen.
- c werden nur an wenige Unternehmen vergeben.

30 Die internationalen Jugendaustauschprogramme …

- a fördern für den Arbeitsmarkt wichtige Soft Skills.
- b versuchen bei den Teilnehmenden einen Sichtwechsel zu bewirken.
- c wollen den Teilnehmenden Werte vermitteln.

vorgeschlagene Arbeitszeit: **50 Minuten**

Teil 1

Für das Internetforum *Neue Arbeitsmethoden* verfassen Sie einen Diskussionsbeitrag zu diesem Thema:

Work-Life-Balance: Wie schaffen wir ein ausgewogenes Verhältnis zwischen Berufsleben und Privatleben?

- Erklären Sie, welche Folgen ein zu hoher Arbeitsdruck haben kann.
- Nennen Sie Vorteile einer gelungenen Work-Life-Balance.
- Erläutern Sie, was Arbeitgebende für eine gute Work-Life-Balance tun können.
- Nennen Sie andere Möglichkeiten für einen ausgewogenen Lebensstil.

Schreiben Sie circa **230** Wörter.

vorgeschlagene Arbeitszeit: **25 Minuten**

Teil 2

In Ihrer Firma wurde ein neuer Kollege eingestellt, der jetzt mit Ihnen in Ihrem Büro arbeitet. Durch den zusätzlichen Arbeitsplatz hat sich jedoch in Ihrem Büro ein Platzproblem ergeben. Verfassen Sie ein Schreiben an Ihre Vorgesetzte, Frau Kaur, in dem Sie sie auf das Problem aufmerksam machen.

- Eröffnen Sie Ihr Schreiben, indem Sie Ihre Freude darüber äußern, dass Ihr Team jetzt einen neuen Kollegen hat.
- Nennen Sie das Projekt, an dem Sie zurzeit arbeiten.
- Beschreiben Sie das Platzproblem, das sich durch den neuen Arbeitsplatz des Kollegen im Raum ergeben hat.
- Schlagen Sie eine Lösung für das Platzproblem vor.

Schreiben Sie circa **120** Wörter.

Für Teil 1 und Teil 2 gilt:
Bei der Bewertung wird darauf geachtet, wie genau die Inhaltspunkte bearbeitet sind, wie korrekt der Text ist und wie gut die Sätze und Abschnitte sprachlich miteinander verknüpft sind.

Dauer: circa **7 Minuten**

Teil 1 – einen Vortrag halten

Wählen Sie aus den beiden Themen **ein Thema** aus.

Thema 1

Sie nehmen an einem Seminar zu gesellschaftlichen Themen teil und halten einen kurzen Vortrag zu dem von Ihnen gewählten Thema. Ihre Gesprächspartnerinnen/Gesprächspartner hören zu und stellen Ihnen anschließend Fragen dazu.

Veranstaltungen und Meetings online oder offline?
Viele Menschen haben sich sowohl beruflich als auch privat auf virtuelle Formate umgestellt. Besonders seit der Corona-Pandemie hat es sich etabliert, dass die Menschen beim Geschäftstreffen bis hin zum Feierabendbier online zusammenkommen. Praktisch ist dieses Format allemal, aber immer häufiger werden auch Gegenstimmen laut.

- Geben Sie ein Beispiel für Online- oder Offline-Meetings.
- Argumentieren Sie für oder gegen Online-Veranstaltungen.
- Gehen Sie auf die Situation in Ihrem Heimatland oder einem anderen Land ein.
- Schließen Sie mit einem Ausblick in die Zukunft.

Thema 2

Sie nehmen an einer Veranstaltung zu aktuellen Fragen teil und halten einen kurzen Vortrag zu dem von Ihnen gewählten Thema. Ihre Gesprächspartnerinnen/Gesprächspartner hören zu und stellen Ihnen anschließend Fragen dazu.

Sollte es eine Sondersteuer für besonders ungesunde Lebensmittel geben?
Ein Großteil der Bevölkerung Europas steuert auf gravierende Gesundheitsprobleme zu. Neben unzureichender Bewegung werden auch Stress und ungesunde Ernährung dafür verantwortlich gemacht. Die WHO argumentiert: Wenn eine Tabaksteuer gegen zu hohen Tabakkonsum hilft, warum sollte es dann nicht auch eine Extrasteuer für gesundheitsgefährdende Lebensmittel geben, die zu viel Fett oder Zucker enthalten?

- Geben Sie ein Beispiel aus dem Freundes- oder Familienkreis.
- Argumentieren Sie für oder gegen solch eine Steuer.
- Gehen Sie auf die Situation in Ihrem Heimatland oder einem anderen Land ein.
- Erläutern Sie andere Möglichkeiten, wie man Menschen an eine gesündere Lebensweise heranführen kann.

Gehen Sie auf alle vier Punkte ein und achten Sie darauf, Ihren Vortrag gut zu strukturieren. Sprechen Sie circa 5 Minuten und beantworten Sie danach Fragen.

Diskussion für beide Teilnehmende: circa **5 Minuten**

Teil 2 – eine Diskussion führen

Sie diskutieren mit einer Freundin / einem Freund über das Thema *Fast Fashion*.

Eine gemeinsame Freundin findet es gut, wenn Kleidung preiswert ist, weil sie sich dann mehr Kleidungstücke leisten kann. Kürzlich haben Sie etwas zum Thema in einer Zeitschrift gelesen und diskutieren nun darüber.

Fast Fashion
Dieses System beruht auf billiger und schneller Produktion von Kleidung. So wird der übermäßige Konsum gefördert, denn viele Verbraucherinnen und Verbraucher unterliegen dem Anreiz, billige Kleidung mit kurzer Lebensdauer zu kaufen. Dadurch entsteht ein Kreislauf des Kaufens und Wegwerfens, welcher zu großen Umweltproblemen führt.

- Kommentieren Sie: Was halten Sie von Billigkleidung?
- Begründen Sie Ihre Haltung zu Billigkleidung.
- Gehen Sie auf die Situation in Ihrem Heimatland oder einem anderen Land ein.
- Fassen Sie Ihre Argumente in einem abschließenden Fazit kurz zusammen.

Diskutieren Sie gemeinsam circa 5 Minuten.

Modul *Lesen*

Teil 1		Teil 2		Teil 3		Teil 4	
1	d	**9**	c	**16**	j	**24**	c
2	c	**10**	b	**17**	e	**25**	a
3	b	**11**	c	**18**	b	**26**	0
4	a	**12**	a	**19**	a	**27**	b
5	b	**13**	a	**20**	f	**28**	c
6	d	**14**	c	**21**	h	**29**	0
7	b	**15**	c	**22**	c	**30**	a
8	d			**23**	i		

Modul *Hören*

Teil 1		Teil 2		Teil 3		Teil 4	
1	*b*	**7**	a	**16**	c	**24**	c
2	*c*	**8**	b	**17**	c	**25**	c
3	*c*	**9**	a	**18**	c	**26**	c
4	*a*	**10**	b	**19**	c	**27**	a
5	*b*	**11**	a	**20**	a	**28**	a
6	*a*	**12**	b	**21**	b	**29**	a
		13	c	**22**	a	**30**	b
		14	a	**23**	b		
		15	b				

Die Antwortbögen für die Module *Lesen* und *Hören* finden Sie auf den Seiten 126 und 127.

Modelltest 2, Schreiben Teil 1

*Hinweis: Redemittel sind grau unterlegt, Konnektoren und Verweiswörter sind **fett** gedruckt.*

Das moderne Leben fordert von uns, die Erwerbstätigkeit, das Familienleben und die persönliche Zeit in ein ausgewogenes Verhältnis zu bringen, **was** nicht immer leicht ist. Oft leiden wir unter enormem Druck bei der Arbeit. Überstunden, ständige Erreichbarkeit für den Arbeitgeber und Wochenendarbeit sind keine Seltenheit mehr. **Diese** Umstände führen jedoch oft dazu, **dass** der Mensch nicht mehr abschalten kann und sein Privatleben vernachlässigt. Unruhiger und zu wenig Schlaf, eine ungesunde Ernährung und der permanente Stress sind häufige Folgen, **die** den Körper ausbrennen und ihn krank machen. Nicht selten leiden diese Menschen auch unter psychischen Problemen wie Depression oder Burn-out.
Damit es gar nicht erst so weit kommt, sollten wir auf ein ausgewogenes Leben achten. Eine gute Work-Life-Balance sorgt dafür, **dass** wir gesünder sind und unsere Zeit effektiver und auch kreativer nutzen, **da** wir Prioritäten setzen. Es hat **also** auch für den Arbeitgebenden enorme Vorteile, **wenn** dafür gesorgt wird, **dass** die Mitarbeiter/innen keinen Burn-out erleiden. **Das** kann zum Beispiel dadurch erreicht werden, **dass** Arbeitszeiten klar definiert werden und Feierabend wirklich Feierabend bedeutet. **Außerdem** könnten auch Sportprogramme wie Yoga angeboten werden, die helfen, Stress abzubauen. **Natürlich** ist das hauptsächlich in großen Firmen mit vielen Angestellten möglich, **aber** auch im Kleinen kann durch eine gute Atmosphäre am Arbeitsplatz und generelles Verständnis und Wertschätzung viel erreicht werden.
Am wichtigsten ist es meiner Meinung nach **jedoch**, **dass** wir selbst dafür sorgen, dass es uns gut geht, dass wir lernen Abstriche zu machen und *Nein* zu sagen. **Letztendlich** sind wir selbst dafür verantwortlich, **dass** es uns und unserer Familie gut geht. Qualitätszeit mit Freunden und Familie zu verbringen wird oft unterschätzt, **da** es nicht „rentabel" ist. Ich denke, **das** ist ein großer Fehler. Ein gutes Gespräch, ein Spaziergang mit den Kindern oder auch nur ein kurzes Kaffeetreffen mit einem guten Freund, das sind die Dinge, die wirklich im Leben zählen.

Modelltest 2, Schreiben Teil 2

Sehr geehrte Frau Kaur,

vor einer Woche wurde unser Grafik-Team durch den neuen Kollegen, Herrn Umuck, verstärkt und ich kann im Namen aller Kolleginnen und Kollegen sprechen, **wenn** ich sage, **dass** wir uns alle sehr freuen, Herrn Umuck im Team begrüßen zu dürfen.
Leider ist durch den zusätzlichen Schreibtisch in unserem Großraumbüro ein Platzproblem entstanden. Wie Sie wissen, arbeiten wir zurzeit am Projekt *Go creative!*, **für das** wir mit Skizzen in Plakatgröße arbeiten. **Um** Herrn Umuck einen eigenen Schreibtisch **zu** geben, musste unser großer Gemeinschaftstisch in der Raummitte weichen, **an dem** wir zuvor häufig gemeinsam gearbeitet haben. Dieser Tisch fehlt uns in der täglichen Arbeit **jedoch** sehr und sein Fehlen erschwert zudem die Teamarbeit.
Ich möchte Sie daher fragen, **ob** Sie einverstanden sind, **wenn** wir den großen Kopierer aus dem Großraumbüro entfernen und stattdessen im Flur aufstellen. So hätten auch die Kolleginnen und Kollegen aus den anderen Büros leichter Zugang zum Kopierer und wir hätten wieder Platz für den Gemeinschaftstisch.
Bitte geben Sie mir eine kurze Rückmeldung, **damit** wir, Ihr Einverständnis vorausgesetzt, die Veränderung möglichst bald vornehmen können.

Freundliche Grüße
Amrei Tscheck

Modelltest 2, Sprechen Teil 1, Thema 1

Kandidat/in 2: Darf ich anfangen? Ja, danke. Also hallo erstmal. Ich habe für meinen Vortrag das Thema gewählt, **das** sich mit der Frage beschäftigt, **ob** Veranstaltungen und Meetings besser online oder offline stattfinden sollten. Ich halte dieses Thema für sehr aktuell **und da** ich auch beruflich oft vor dieser Frage stehe, betrifft es mich sozusagen auch persönlich. Nun, ich denke wir haben alle schon einmal an einem virtuellen Treffen teilgenommen, sei es im beruflichen oder privaten Rahmen. Ich persönlich habe mich sogar während des Lockdowns mal zu einer virtuellen Geburtstagsparty zugeschaltet. **Das** war zugegebenermaßen am Anfang etwas ungewohnt und keineswegs vergleichbar mit einer richtigen Party. Ich muss aber sagen, **dass** es für viele Gäste, auch für mich, eine Gelegenheit war, sich zu treffen und sich etwas auszutauschen. Und wir hatten alle das Gefühl, **dass** es besser war als gar keine Party.

Da solche Veranstaltungen sicherlich eher eine Ausnahme sind, möchte ich mich im Folgenden auf Veranstaltungen im beruflichen Rahmen konzentrieren. Ich persönlich leite ein kleines Start-Up-Unternehmen **und** beschäftige acht Mitarbeiterinnen und Mitarbeiter. Mir war es von Anfang an sehr wichtig, **dass** die Atmosphäre im Team gut ist **und daher** habe ich viel Wert darauf gelegt, **dass** wir einen festen Wochentag haben, **an dem** wirklich alle im Büro sind. Jeden Mittwochvormittag versammeln wir uns alle in Präsenz im großen Meetingraum zur Teamsitzung. Wir besprechen Projekte ja, **aber** wir feiern **auch** mal den Geburtstag eines Kollegen, die Geburt eines Kindes oder den Einstieg einer neuen Kollegin oder eines neuen Kollegen. Nicht selten bringt jemand etwas zu knabbern mit **und** gerade diese Momente sind es, **die** das Team aneinanderschweißt und dafür sorgen, **dass** wir uns auch füreinander verantwortlich fühlen. Ich bin davon überzeugt, **dass das** die Basis eines erfolgreichen Unternehmens ist. Online-Treffen finden selbstverständlich auch statt, meist **aber nur** unter einzelnen Teammitgliedern **oder wenn** eine Person länger krank oder auf Geschäftsreise ist.

Ich denke, **dass** wir mit dieser Philosophie nicht das einzige Unternehmen hierzulande sind. Ich habe bei einigen Geschäftspartnern ähnliche Vorgehensweisen beobachtet, **da** alle nach langer Zeit im Homeoffice gemerkt haben, wie wichtig der persönliche Kontakt in der Offline-Welt ist. **Jedoch** ist natürlich nicht jedes Unternehmen so strukturiert, **dass** solche persönlichen Kontakte jederzeit möglich sind. Man denke nur an all die Firmen, die Mitarbeiterinnen und Mitarbeiter im Ausland beschäftigen. **Aber selbst** bei diesen international aufgestellten Firmen sehe ich den Trend zum persönlichen Meeting, wann immer dies möglich ist.

Wenn ich einen Blick in die Zukunft wagen darf, dann würde ich sagen, **dass** wir sicherlich nicht mehr auf Treffen im Online-Format verzichten werden. Die Vorteile, ortsunabhängig und auch von unterwegs oder von zu Hause aus ohne lange Anfahrtswege zu arbeiten, sind einfach zu überzeugend. Jedoch bin ich mir sicher, **dass** wir auch in Zukunft nicht auf die Offline-Treffen verzichten werden. Auch hier ist uns in den letzten Jahren immer deutlicher geworden, wie sehr der Mensch ein soziales Wesen ist und den physischen Kontakt zu anderen braucht. Eine gesunde Mischung aus online und offline ist sicherlich ein zukunftsweisender Weg für viele Unternehmen, **die** sowohl flexible als auch loyale Mitarbeitende brauchen. Der persönliche Kontakt wird dabei auch in Zukunft immer eine wichtige Rolle spielen. Vielen Dank!
Haben Sie vielleicht Fragen?

Kandidat/in 1: Ja, ich hätte eine Frage. Sie haben erwähnt, **dass** Sie selbst Treffen in Präsenz bevorzugen, **da** es Ihrer Meinung nach den Teamgeist fördert. Sehen Ihre Mitarbeitenden das denn auch so? Ist es für die nicht wichtiger, unabhängig arbeiten zu können?

Kandidat/in 2: Ja, da haben Sie natürlich recht. Es hat mich zu Beginn doch etwas Überzeugungskraft gekostet. Ich denke aber, **dass** mittlerweile alle den hohen Gewinn dieser Treffen auch selbst schätzen. Jedenfalls bemühen sich alle, den Mittwochstermin wahrnehmen zu können.

Prüfer/in: Sie sprachen eingangs von einer virtuellen Geburtstagsparty. Glauben Sie, **dass** private Online-Treffen in Zukunft wichtiger werden?

Kandidat/in 2: **Also**, im privaten Bereich sehe ich große Veränderungen, **da** es zum Beispiel ja auch immer mehr Fernbeziehungen gibt. In diesen Fällen ist man **darauf** angewiesen über Skype, Zoom oder andere Messenger-Dienste **zu** kommunizieren, **damit** man sich wenigstens über die Videofunktion sehen kann. Aber ich bleibe dabei, nichts wird, auch in ferner Zukunft, den physischen Kontakt unter uns Menschen komplett ersetzen können. **Dafür** sind wir einfach nicht geschaffen!

Prüfer/in: Vielen Dank, eine wirklich interessante Thematik. Kommen wir nun zu unserem zweiten Vortrag. Bitte Herr … / Frau … Sie haben das Wort.

Modelltest 2, Sprechen Teil 1 – Thema 2

Kandidat/in 1: Guten Tag, in meinem Vortrag heute gehe ich der Frage nach, **ob** es sinnvoll wäre, eine Sondersteuer für besonders ungesunde Lebensmittel einzuführen. Zurzeit gibt es hier bei uns **so eine** Steuer meines Wissens nach nicht, jedoch ist mir bekannt, **dass** es bereits europäische Länder gibt, die eine Extrasteuer für besonders zuckerhaltige Getränke eingeführt haben und sich der Konsum solcher Getränke **daraufhin** deutlich verringert hat. Neu ist die Idee **also** nicht und der Gedanke hinter **solch einer** Steuer ist natürlich, die Menschen dazu zu motivieren, sich gesünder zu ernähren. **Das** ist in unseren Zeiten auch bitter nötig, **denn** zahlreiche Menschen haben Übergewicht und leiden unter entsprechenden Folgeerkrankungen wie z. B. Diabetes. Auch in meinem Freundeskreis diskutieren wir das Thema gesunde Ernährung immer häufiger und ich habe einige Freundinnen, die Ernährungsberater aufsuchen, um ihr Übergewicht loszuwerden und ihre Ernährung umzustellen. **Leider** ist es nicht immer ganz einfach sich ausschließlich gesund zu ernähren, **da** besonders Erwerbstätige, die fast den ganzen Tag im Büro oder am heimischen Schreibtisch verbringen, oft keine Lust haben, frische, gesunde Speisen zuzubereiten. Es ist hier bei uns auch oft einfach billiger und praktischer, sich mittags ein Sandwich oder anderes Fast Food zu bestellen. Und genau **diese** Speisen sind es, die oft sehr ungesunde Lebensmittel, viel Zucker und Fett oder sogar Zusatzstoffe, die krebserregend sein können, enthalten. Und genau hier könnte so eine Sondersteuer ansetzen, **denn zunächst einmal** würde sie dafür sorgen, dass die ungesunden Lebensmittel im Preis steigen und dies führt indirekt dazu, **dass** die Konsumenten sich nach Alternativen umschauen. **Wenn** beispielsweise ein Salat mit frischen Tomaten, Gurken und Mais weniger kostet als ein Hamburger, **dann** entscheiden sich sicherlich bald immer mehr Käufer für die günstigere und gesündere Variante. **Zudem** bin ich der Meinung, **dass** nur ein günstigerer Preis für gesunde Lebensmittel uns langfristig dazu anhalten kann, auf ungesunde Lebensmittel zu verzichten. Diverse Ampel-Markierungen auf Lebensmitteln haben **ja** bereits gezeigt, dass auch diese Warnhinweise wenig bewirken. **Um jedoch** nicht nur das Kaufverhalten, sondern auch das Bewusstsein für einen gesunden Lebensstil **zu** wecken, braucht es mehr als eine Sondersteuer. **Neben** Ernährungskunde zum Beispiel als Schulfach, sollten wir auch zu Hause oder bei der Arbeit ein Bewusstsein für unser Essverhalten entwickeln und Wert darauf legen, das Essen zu genießen und wertzuschätzen**, zum Beispiel** durch mehr gemeinsame Mahlzeiten. Wie heißt es doch: Du bist, was du isst! Vielen Dank für Ihre Aufmerksamkeit. Gern beantworte ich jetzt Ihre Fragen.

Kandidat/in 2: Das war ein sehr interessanter Vortrag, danke! Ich würde gern etwas fragen: Meinen Sie nicht, **dass** eine Sondersteuer besonders bei den Herstellern auf große Gegenwehr stoßen würde?

Kandidat/in 1: Selbstverständlich, das hat **ja** auch die Getränke-Steuer in Großbritannien gezeigt. **Zunächst** gab es großen Widerstand. **Jedoch** haben sich die Hersteller schnell angepasst und weniger zuckerhaltige Getränke entwickelt, **da** sie ja nun einen Ansporn dazu hatten. Das ist es meiner Meinung nach wert.

Prüfer/in: Da würde ich gern einhaken. Ist es **denn** wirklich die Verantwortung des Staates dafür zu sorgen, **dass** sich die Bürgerinnen und Bürger gesund ernähren?

Kandidat/in 1: Ein interessanter Punkt, den Sie da ansprechen. Oberflächlich betrachtet liegt es natürlich in der Verantwortung des Einzelnen zu entscheiden, **ob** er oder sie sich gesund ernähren möchte. **Jedoch** kosten Krankheiten, die **zum Beispiel** durch Übergewicht verursacht werden, den Sozialstaat viel Geld. Und es wäre ja auch trotz dieser Steuer weiterhin nicht verboten, mal eine Cola zu trinken und dazu einen Burger zu essen.

Modelltest 2, Sprechen Teil 2

Prüfer/in: Vielen Dank für Ihre interessanten Vorträge. Damit ist Teil 1 beendet und wir machen weiter mit Teil 2, der Diskussion. Sie haben eine Freundin, die gern preiswerte Kleidung kauft, da sie sich so mehr Kleidungsstücke leisten kann. Bevor Sie nun mit Ihrer Freundin über dieses Thema sprechen, diskutieren Sie zu zweit über „Fast Fashion".

Kandidat/in 1: Das ist wirklich ein kontroverses Thema, über das ich erst kürzlich etwas Interessantes gelesen habe. Mir war selbst lange nicht bewusst, wie schädlich sich unser Konsumverhalten bezüglich der Kleidung auf die Umwelt auswirkt. Die schnelle Produktion, die langen Transportwege und die Materialen verursachen oft verheerende Schäden in und an der Natur.

Kandidat/in 2: Da sprechen Sie direkt einen sehr wichtigen Punkt an. Wir konsumieren besonders im Bereich Kleidung einfach zu viel und meistens ohne zu wissen, woher unsere Kleidung kommt und wer sie wie für uns gefertigt hat. **Das** halte ich für eines der größten Probleme. Es fehlt einfach die Aufklärung.

Kandidat/in 1: Da muss ich Ihnen widersprechen. Meiner Meinung nach kann man sich sehr gut über die Wege unserer Kleidung informieren, es interessiert nur niemanden. Alle wollen bloß eine neue trendige Hose für möglichst wenig Geld kaufen. Immer noch gibt es Firmen, die in Verdacht stehen, Kinder für sich arbeiten zu lassen, weil diese besonders günstige Arbeitskräfte sind. Es geht den Fast-Fashion-Unternehmen nur um schnellen und hohen Profit.

Kandidat/in 2: Sicherlich haben Sie recht, wenn Sie sagen, **dass** viele Konsumenten nur auf das Preisschild schauen und die Unternehmen günstig produzieren wollen. Ich sehe da **jedoch** in den letzten Jahren einen Trend in Richtung mehr Umweltbewusstsein. Es gibt immer mehr Marken, die damit werben, eco-fashion zu produzieren, **also** keine giftigen Stoffe für die Färbung zu benutzen oder generell nachwachsende und umweltschonende Stoffe zu verwenden.

Kandidat/in 1: Ja, das freut mich auch, **dass** dieser Trend auch hier bei uns angekommen ist. Ich frage mich jedoch, **wie** man mehr Menschen dazu bringen kann, diese Mode auch zu kaufen. Oft ist sie ja auch ein bisschen teurer als die Fast Fashion-Produkte.

Kandidat/in 2: Das stimmt. Man darf dabei aber nicht vergessen, **dass** die schlechte Qualität der schnellen Mode dazu führt, **dass** ein Kleidungsstück viel schneller kaputt geht. Das Argument des Preises ist also relativ.

Kandidat/in 1: Das ist ein überzeugender Punkt, den wir auch unserer Freundin unterbreiten können. Es lohnt sich einfach, Öko-Kleidung zu kaufen; sie hält länger und das Gewissen ist auch beruhigt. Und für alle, die öfter mal was Neues anziehen wollen oder müssen, gibt es ja auch immer noch die Kleiderbörse. Man kann Kleidung, die noch tragbar ist, einfach mit anderen tauschen. **Da** gibt es mittlerweile wirklich tolle Foren auf den Seiten von sozialen Netzwerken, die das Tauschen unkompliziert machen.

Kandidat/in 2: Da kann ich Ihnen nur zustimmen. Ich denke, **dass** wir also wirklich gute Argumente an der Hand haben, **um** unsere Freundin davon **zu** überzeugen, beim Kleiderkauf in Zukunft das Motto „Weniger ist mehr" zu berücksichtigen.

Modelltest 3

Weitere Steigerung der Anforderungen

→ Simulieren Sie jetzt die Prüfungssituation. Arbeiten Sie den gesamten Modelltest, jedes Modul und jeden Teil im vorgegebenen Zeitrahmen an einem Stück durch, so wie es auch in der Prüfung ablaufen wird.

→ Bemühen Sie sich alle Aufgaben ohne Hilfsmittel zu lösen.

→ Versuchen Sie, die vorgegebenen Zeiten einzuhalten. Wenn das noch nicht vollständig klappt, ist es nicht so schlimm. Sie haben ja noch Modelltest 4.

→ Tragen Sie alle Lösungen wie in der Prüfung in die separaten Antwortbögen ein. In der Prüfung wird nur gewertet, was im Antwortbogen steht.

→ Zählen Sie Ihre richtigen Lösungen und errechnen Sie Ihre Punktzahl. So erhalten Sie einen Hinweis darauf, wie Sie in der Prüfung abschneiden würden.

→ Wenn Sie bei der Prüfungssimulation merken, dass Ihnen ein Bereich noch Schwierigkeiten bereitet, sollten Sie diesen noch einmal gezielt üben.

vorgeschlagene Arbeitszeit: **10 Minuten**

Teil 1

Sie lesen in einer Zeitschrift einen Artikel über einen Schädling.
Wählen Sie für jede Lücke die richtige Lösung.

Gartenschädlinge

Was hilft gegen die Spanische Wegschnecke?

Wenn der sorgsam gezogene Salat über Nacht verschwindet und sich glitzernde Spuren über die Beete ziehen, war wahrscheinlich sie am Werk: die Spanische Wegschnecke. Gelockt wird sie von Gemüse, das sie aus Dutzenden Metern Entfernung riechen kann. [Beispiel 0] erinnert sie sich an die Orte leckerer Mahlzeiten und kehrt zu ihnen zurück.

Sie zieht vielerorts ihre Schleimspur – jedoch ausgerechnet in Spanien nur [1 ...] vereinzelt, wie Forschende in den vergangenen Jahren herausfanden. Anders als lange angenommen, wurde sie demnach wohl nicht durch Obst- und Gemüseimporte nach dem Zweiten Weltkrieg von der Iberischen Halbinsel eingeschleppt – der Name führt also in die Irre. Nach wie vor ist nicht eindeutig geklärt, woher die [2 ...] ursprünglich stammt.
Aber sicher ist: Sie vermehrt sich schneller als andere Spezies, frisst mehr und setzt sich notfalls zum Fressen in die pralle Sonne, ohne Schaden zu [3 ...].

Hinzu kommt, dass vielen Gemüsesorten natürliche Abwehrstoffe gegen den Fraß von Schädlingen weggezüchtet wurden, um sie für den menschlichen Geschmack angenehmer zu machen. Nur werden sie so nicht nur für den Menschen, sondern auch für Schädlinge [4 ...]. Viel Forschungsbedarf gibt es noch beim Einfluss auf die Tierwelt. Klar ist allerdings jetzt schon, dass diese Schnecken verwandte Arten [5 ...].

Doch was kann man gegen die Plagegeister tun? Rein gar nichts hält Michael Schrödl von der Zoologischen Staatssammlung München davon, Salz auf die Tiere zu streuen. „Das ist so, als bekämen wir Salz in eine offene Wunde.“ Zudem töte Salz gar nicht sicher und verseuche den Gartenboden. [6 ...] sei auch von Schneckengift. „Es gibt immer die Gefahr, dass der Falsche davon frisst.“ Vielmehr wird empfohlen, nur morgens zu gießen und Beete mit einem kleinen Zaun [7 ...]. Auch Absammeln sei eine Möglichkeit. Generell darf man aber Folgendes nicht vergessen: Nacktschnecken sind quasi die Geier der Gärten und Wiesen: Sie beseitigen Kot und Kadaver, bringen die Kompostierung auf Trab und tragen damit [8 ...] Gesundheit des kleinen Ökosystems bei. Die Schnecke mag im Garten nerven, aber sie hat doch ihre Berechtigung wie jedes Lebewesen.

Beispiel:

	a	b	c	d
0	Deshalb	Hinzu	Nachdem	☒ Zudem
1	ganz	gar	insgesamt	völlig
2	Art	Eigenart	Eigenschaft	Kategorie
3	machen	nehmen	verursachen	verwirklichen
4	abwechslungsreicher	attraktiver	besser	schöner
5	entfernen	verbannen	verdrängen	zurückhalten
6	Abzuraten	Zu beraten	Zu empfehlen	Zu warnen
7	um zu geben	umgeben	umzugeben	zu umgeben
8	für die	mit der	über die	zur

vorgeschlagene Arbeitszeit: **20 Minuten**

Teil 2

Sie lesen im Internet einen Artikel über eine Studie über Sport und Abnehmen.
Wählen Sie bei jeder Aufgabe die richtige Lösung.

RATGEBER GESUNDHEIT

Abnehmen geht effizienter

Bisher war der Königsweg klar definiert: Wer abnehmen will, soll ausdauernd trainieren. Vergleicht man die schnellsten 100-Meter-Läufer mit den besten Marathonläufern der Welt, so fällt einem sofort ins Auge: Ausdauersport scheint zum Erfolg zu führen. Denn während die muskelbepackten Sprinter wie Statisten aus einem Gladiatorenfilm wirken, möchte man den ausgezehrten Ausdauersportlern eher mal ein Drei-Gänge-Menü spendieren. Und es klingt ja auch logisch: Wer stundenlang läuft, verbraucht mehr Kalorien als jemand, dessen sportlicher Auftritt schon nach zehn Sekunden zu Ende ist. Doch neue Studien zeigen, dass dies nicht der einzige Weg ist. Mehr noch – es geht effizienter, und zwar mit einem intensiven Intervalltraining.

Tatsächlich werden bei kurzen Anstrengungen nicht besonders viele Kalorien verbrannt. Aber sie lösen einen Stoffwechselmechanismus aus, der auf eine andere Art und Weise das Traumgewicht in greifbare Nähe rücken kann. Vorweg: Sport sollte immer so intensiv sein, dass er das Muskelwachstum anregt. „Denn Muskelmasse hat nicht nur während der Arbeit, sondern auch in Ruhe einen erhöhten Kalorienverbrauch", sagt Winfried Banzer, emeritierter Sportmediziner von der Goethe-Universität in Frankfurt.

Durch regelmäßiges Joggen und Radfahren komme es ebenfalls zum Muskelaufbau, auch wenn der nicht so sichtbar ist. So zählt beispielsweise auch das Herz zu den Muskeln, und das wächst beim Ausdauersport, sofern der Puls dabei ungefähr im Bereich von 180 minus Lebensalter liegt. Und selbst wenn man nur mäßig radelt oder gemütlich joggt und man den Muskelaufbau an Waden, Oberschenkeln und Gesäß gar nicht bemerkt, ist das gut für den Körper. Denn wer sich bewegt (auch langsam), tut etwas dagegen, dass Muskelmasse verloren geht.

Gerade im fortgeschrittenen Alter ist das ein nicht zu vernachlässigender Aspekt, denn der Verlust von drei Kilo Muskeln bedeutet eine Verringerung des Energiegrundumsatzes um etwa 100 Kalorien pro Tag. Das Gewicht eines normal gebauten Menschen beruht zu etwa einem guten Drittel bis knapp der Hälfte auf Muskelmasse. Muskeln bauen sich aber, wenn man nichts dagegen tut, ab dem 25. Lebensjahr ganz natürlich ab, mit dem Resultat, dass man mit 80 Jahren nur noch die Hälfte der Muskelmasse hat, die man mit 20 hatte. Entsprechend weniger Kalorien verbrennt man.

Wie aber soll nun das Abnehmen ohne Langstreckenlauf und hochgetriebenen Kalorienverbrauch funktionieren?

Amerikanische Forscher haben gerade im renommierten Fachjournal „Nature" eine Reihe von Untersuchungen publiziert. Ein Stoff namens Lac-Phe ist dabei in den Fokus der Wissenschaftler geraten. Lac-Phe entsteht immer dann, wenn die Anstrengung sehr hoch ist. Als die Forscher den Stoff ihren Testmäusen injizierten, verloren die deutlich ihre Lust am Fressen; und als man ihn über mehrere Tage spritzte, verloren sie – weil sie weniger fraßen – auch sichtbar Körperfett. Umgekehrt entwickelten sogenannte Knock-out-Mäuse, in denen man genetisch die Bildung von Lac-Phe ausgeschaltet hatte, geradezu einen chronischen Heißhunger, und sie legten selbst dann noch an Gewicht zu, wenn sie im Laufrad bewegt wurden. Das Kalorienverbrennen half ihnen also nicht beim Abspecken, dafür war ihr Appetit einfach zu groß.

Zudem wollten die Forscher wissen, ob man den Lac-Phe-Pegel nicht nur per Spritze, sondern auch natürlicherweise – mit Sport – nach oben bringen kann. Also wurden acht junge Männer gebeten, drei unterschiedliche Formen des Körpertrainings zu absolvieren: ein 90-minütiges Strampeln auf dem Heimfahrrad, ein Krafttraining an Hantelgewichten und ein Training am Hometrainer – allerdings eines, bei dem in mehreren 30-Sekunden-Intervallen in größtmöglicher Intensität gestrampelt werden musste. Im Anschluss an die jeweiligen Einheiten wurde der Lac-Phe-Wert im Blut gemessen. Das Ergebnis: Bei allen Trainingsformen ging der Lac-Phe-Pegel nach oben, doch am deutlichsten war der Anstieg im Anschluss an das hochintensive Intervalltraining. Gefolgt vom Kraftsport. Bei intensiven Kurzzeitbelastungen wird also im menschlichen Körper besonders viel Lac-Phe freigesetzt. Ob das auch besonders stark den Appetit hemmt, wurde allerdings nicht überprüft.

In einer anderen kürzlich publizierten Studie wirkte Intensivtraining auf Fitness, Cholesterinwerte und Body-Mass-Index von 42 mäßig übergewichtigen Menschen genauso positiv wie gleichmäßiges Walking. Binnen vier Wochen reduzierte sich der Taillenumfang bei allen Probanden um rund zwei Zentimeter und der Körperfettanteil um etwa einen Prozentpunkt. Was im Umkehrschluss natürlich heißt, dass man mit flottem Gehen ähnlich abspecken kann wie mit schweißtreibendem Hochintensiv-Training. Den Unterschied mache jedoch, wie der Studienleiter betont, der Aufwand: Die Walker waren täglich 40 Minuten unterwegs, die Intensiv-Sportler nur knapp 24.

Anm. des Verlags: Gemäß den Konventionen der Originalquelle (DIE WELT) ist dieser Text nicht gegendert.

9 Was besagen neueste Studien in Bezug aufs Abnehmen?

- a Ausdauertraining ist weniger effizient als bisher angenommen.
- b Intensive Trainingseinheiten sind auch effizient.
- c Sprinter nehmen langsamer ab.

10 Beim kurzen Intensivtraining …

- a benötigen die Muskeln Ruhephasen.
- b verbraucht man mehr Kalorien.
- c wird der Stoffwechsel angeregt.

11 Durch moderates Laufen oder Radfahren …

- a kann man Gewicht in Form von Muskelmasse abbauen.
- b sinkt die Pulsfrequenz.
- c vermehrt sich die Muskelmasse.

12 Vor allem im Alter …

- a beginnt der natürliche Muskelabbau.
- b führt der Rückgang von Muskeln zu weniger Energieverbrauch.
- c sollte man eher langsam joggen oder radeln.

13 Das Verabreichen von Lac-Phe führte bei Mäusen zu …

- a Appetitlosigkeit.
- b Bequemlichkeit.
- c Fettleibigkeit.

14 Was zeigten Untersuchungen an Sportlern?

- a Beim Krafttraining erhöhte sich der Lac-Phe-Wert am meisten.
- b Der Lac-Phe-Wert stieg ausnahmslos bei allen Probanden.
- c Intensives Training bremste den Hunger.

15 Wissenschaftler fanden heraus, dass Intensivtraining …

- a für übergewichtige Menschen besonders geeignet ist.
- b mit moderatem Training kombiniert werden sollte.
- c zeitsparend und dennoch effizient ist.

vorgeschlagene Arbeitszeit: **20 Minuten**

Teil 3

Sie lesen in einer populärwissenschaftlichen Zeitschrift einen Kommentar.
Welche Sätze passen in die Lücken? Zwei Sätze passen nicht.

Einfach mal wieder „Hallo" sagen

Eine Nachricht, ein Anruf, ein Gruß – wer sich nach längerer Funkstille bei einem Bekannten meldet, erfreut diesen viel mehr als gemeinhin gedacht.

Mit den Kollegen in der Cafeteria plauschen, dem Nachbarn über den Weg laufen, auf Bekannte im Café treffen – spontane Begegnungen ohne viel Aufwand tun gut. **Beispiel 0** Menschen sind soziale Wesen. Sie brauchen das, wollen sich mit anderen verbunden fühlen.

Doch solche zufälligen Kontakte sind weniger geworden in den vergangenen Jahren, viele leben und arbeiten isolierter – und auch wenn Videotelefonate und Chatnachrichten Nähe suggerieren können, fühlen sich doch sehr viele Menschen heute einsamer. **16 ...** Da kommen die Ergebnisse einer neuen Studie gerade recht: Denn sie können helfen, solche Hemmungen zu überwinden. Der kleine Gruß im Treppenhaus, das nette „Hallo, was machst du so?" im E-Mail-Fach oder auch nur der kurze Blickkontakt an der Supermarktkasse sind für Menschen überaus wichtig – wichtiger vielleicht, als man es sich selbst vorzustellen vermag.

Bereits vor knapp 50 Jahren veröffentlichte der US-Soziologe und Wirtschaftswissenschaftler Mark Granovetter seinen Fachaufsatz „The Strength of Weak Ties", der den Wert der lockeren Kontakte auf den Punkt bringt. **17 ...** Er hat nachgezeichnet, dass lose Verbindungen, sogenannte „weak ties", für das Wohlergehen der Menschen essenziell sind – konkret für ihr erfolgreiches Weiterkommen im Leben und für die Fähigkeit, sich anderen sozialen Gruppen verbunden zu fühlen. Der Mensch braucht Kontakt, und sei er auch noch so oberflächlich.

Aber wie geht das richtig, der Kontaktaufbau, die Kontaktpflege – auch nach Monaten oder Jahren der Funkstille? **18 ...** Initiative ist gefragt, eine Nachricht muss geschrieben, ein Anruf getätigt, eine kleine Aufmerksamkeit verschickt werden. Keine Herkulesaufgabe, aber dennoch schieben viele diese Kontakte vor sich her, aus Angst, nach all der Zeit des Schweigens zurückgewiesen zu werden.

Dass die gerade im Fachmagazin „Journal of Personality and Social Psychology" publizierte Studie da für Erleichterung sorgt, hat einen einfachen Grund. **19 ...** Selbst wenn man nach einem oder gar zwei Jahren des Schweigens zum Telefonhörer greift oder eine Textnachricht schickt, kommt das meistens nicht schlecht beim Empfänger an. **20 ...** Noch besser: Je überraschender die Kontaktaufnahme, umso größer ist die Freude.

Doch zunächst zur Studie: Die Psychologen der Universität Pittsburgh im US-Bundesstaat Pennsylvania hatten in einer Reihe von Experimenten mit fast 6000 Teilnehmern untersucht, wie groß sie die Freude des anderen über eine unerwartete Aufmerksamkeit einschätzten. **21 ...** Und zwar, als sie mit jemandem aus ihrem Bekanntenkreis nach längerer Zeit wieder Kontakt aufgenommen hatten. Die andere Hälfte sollte an eine ähnliche Situation denken, in der sich wiederum jemand an sie gewandt hatte.

Anschließend sollten die Studienteilnehmer einschätzen, wie sehr sich der andere wohl über die Aufmerksamkeit auf einer siebenstufigen Skala von „überhaupt nicht" bis „sehr viel" gefreut hat – und wie stark sie selbst davon berührt waren, unerwartet kontaktiert worden zu sein. **22 ...** Vor allem, wenn sich die beiden Personen gar nicht besonders nahestanden oder der Moment besonders ungewöhnlich war, war die Freude groß. **23 ...** Und sie sind auch verständlich, denn für ein soziales Wesen ist es schließlich überaus riskant, eine Zurückweisung einstecken zu müssen. Aber die Befürchtungen sind meist unbegründet. Denn was gibt es Schöneres, als wenn sich ein anderer Mensch plötzlich wie aus dem Nichts wieder für einen interessiert.

Anm. des Verlags: Gemäß den Konventionen der Originalquelle (DIE WELT) ist dieser Text nicht gegendert.

Beispiel:

0 Sie geben das Gefühl von Miteinander, steigern die kognitive Leistung, schützen vor Stress.

a Die Bewertungen zeigten, dass die Empfänger beglückter über die Kontaktaufnahme waren, als es die Initiatoren erwartet hatten.

b Die Reaktion der Kontaktierten viel enttäuschend aus.

c Und viele tun sich schwer damit, eingeschlafene Kontakte neu zu beleben.

d Denn sie zeigt, dass Ängste und Hemmungen oftmals unbegründet sind.

e Den anderen zu signalisieren, dass man an sie denkt, erfreut nämlich offenbar mehr als gedacht.

f Der Autor gilt vielen Forschern heute als prominentester Vertreter der Netzwerkanalyse.

g Das Ergebnis der Studie überraschte kaum.

h In einem der Versuche baten sie die Hälfte von ihnen, sich an eine bestimmte Situation zu erinnern.

i Die Hemmungen, sich nach einer längeren Funkstille zu melden, sind nach Aussage der Forscher zwar sehr üblich.

j Man kann ja nicht nur darauf hoffen, sich irgendwann zufällig in die Arme zu laufen.

vorgeschlagene Arbeitszeit: **15 Minuten**

Teil 4

Sie lesen in einer Fachzeitschrift Beiträge von Expertinnen und Experten.
Wählen Sie bei jeder Aussage: Wer äußert das? Zwei Aussagen passen nicht. Markieren Sie in diesem Fall 0.

Beispiel:

0 Den Aufwand bei einer Unternehmenseröffnung darf man nicht unterschätzen. [a]

24 Der Staat sollte intensiver eingreifen. [ ]

25 Der Kundenservice wird durch Outsourcing verbessert. [ ]

26 Eigenen Mitarbeitenden wird die Chance zur Weiterbildung genommen. [ ]

27 Kosten sollten in bestimmten Branchen eine zweitrangige Rolle spielen. [ ]

28 Es besteht die Gefahr eines Imageschadens des Auftraggebers. [ ]

29 Es existiert ein gewisses Risiko aufgrund der Preisgabe von Betriebsgeheimnissen. [ ]

30 Outsourcing ermöglicht das Fokussieren auf die Hauptbeschäftigung der Firma. [ ]

Zukunftsfragen unserer Gesellschaft

Outsourcing – Auslagern bestimmter Geschäftsbereiche

a Meike Garbe, Online-Händlerin

Ich habe vor ein paar Jahren einen Online-Shop gegründet, weil ich eine gute Geschäftsidee hatte und mich auch mit Webdesign auskenne. Aber hinter solch einem Unternehmen steckt noch weitaus mehr als nur eine Website. Darauf muss man von Anfang an achten. Ich brauche ein Kundencenter für Reklamationen, dann muss die Ware versandt werden, der Umsatz muss dokumentiert und kontrolliert werden und einen Steuerberater brauche ich natürlich auch noch. Diese Bereiche musste ich alle outsourcen, also auslagern, damit ich mich auf die eigentlichen Aufgaben meines Online-Handels, das sogenannte Kerngeschäft, konzentrieren konnte. Hätte ich alle diese Bereiche als Abteilungen in meinem eigenen Unternehmen aufgebaut, hätte mich das viel mehr Zeit und Geld gekostet. Außerdem übernehmen ja Expertinnen und Experten diese ausgelagerten Aufgaben und erledigen das bestimmt viel professioneller und effizienter als ich das kann. Außerdem achte ich auch auf kurze Vertragslaufzeiten mit meinen Outsourcing-Partnern. So kann ich kurzfristig zu einem günstigeren Anbieter wechseln.

b Akbay Bilmen, Gewerkschaftssekretär

Ich arbeite an einem großen Berliner Klinikum. Leider musste der Betriebsrat in den letzten Jahren feststellen, dass die Abfallentsorgung, Krankentransporte, Reinigung, Sterilisation und die gesamte Essensversorgung praktisch über Nacht an ein Fremdunternehmen ausgelagert wurden. Und das, obwohl diese Bereiche reibungslos funktionierten. Natürlich ist es wichtig, dass Unternehmen kostengünstig arbeiten. Im Gesundheitswesen sollten solche Gedanken jedoch dem Wohlergehen der Bürgerinnen und Bürger untergeordnet werden. Außerdem geht es bei Outsourcing oft um das Betreiben von Lohn- und Sozialdumping. Das bedeutet, dass den Angestellten der ausgelagerten Abteilungen möglicherweise zu wenig bezahlt wird und ihnen eventuell zustehende Zulagen, Zuschläge und Sonderzahlungen vorenthalten werden. Sollten dann bestimmte Bereiche noch ins Ausland verlagert werden, wegen eines niedrigeren Lohnniveaus und einer billigeren Güterproduktion, entsteht gegenüber einheimischen Firmen ein klarer Exportvorteil, was einen ungleichen Wettbewerb schafft. Davor müssten wir vom Gesetzgeber stärker geschützt werden.

c Karina Bevensee, Wirtschaftswissenschaftlerin

Outsourcing, bei dem entweder einzelne Arbeitsschritte oder gar komplette Bereiche und Abteilungen eines Unternehmens an eine andere Firma ausgelagert werden, hat natürlich Kosteneinsparung und Qualitätssteigerung zum Ziel, was für den heutigen globalen Wettbewerb unumgänglich ist. Letzteres vor allem durch die Spezialisierung der Drittfirmen, denen bestimmte Dienstleistungen übertragen wurden, da sie ja im Normalfall Expertinnen und Experten auf dem entsprechenden Gebiet sind. Allerdings steigt dadurch auch der Kommunikationsaufwand, da sich ja die verschiedenen Unternehmen gut untereinander abstimmen müssen. Außerdem bekommen die Fremdfirmen Einsicht in betriebliche Interna und man macht sich abhängig von ihnen. Es schafft natürlich auch eine gewisse Unruhe unter den Mitarbeitenden, weil diese befürchten, dass eines Tages auch ihre Arbeitsstelle ausgelagert werden könnte. Und nicht zuletzt: Sollte das Partnerunternehmen schlechte Leistungen erbringen, so fällt das unter Umständen auf die auftraggebende Firma zurück.

Circa 40 Minuten für Hören Teil 1 bis 4

11

Teil 1

Sie hören einen Podcast über Sendungen zum Thema Nachhaltigkeit.

Sie hören den Text ***einmal****. Wählen Sie bei jeder Aufgabe, zu welcher Sendung die Aussage passt.*
Lesen Sie jetzt die Aufgaben 1 bis 6. Dazu haben Sie 60 Sekunden Zeit.

Beispiel:

0 Es geht um Kritik am Verbraucherverhalten.

- [x] a Sendung 1 – Erst denken!
- [ ] b Sendung 2 – Nullkommanichts
- [ ] c Sendung 3 – Causa Clima

1 Die Sendung weist auf ideelle Werte hin.

- [ ] a Sendung 1
- [ ] b Sendung 2
- [ ] c Sendung 3

2 Die Sendung sensibilisiert die Konsumenten in Bezug auf Billigprodukte.

- [ ] a Sendung 1
- [ ] b Sendung 2
- [ ] c Sendung 3

3 Es geht darum, schon heute für unsere Nachfahren zu sorgen.

- [ ] a Sendung 1
- [ ] b Sendung 2
- [ ] c Sendung 3

4 Man erfährt etwas über frühe Maßnahmen zur Ressourcenschonung.

- [ ] a Sendung 1
- [ ] b Sendung 2
- [ ] c Sendung 3

5 Die Änderung unseres Lebensstils wird thematisiert.

- [ ] a Sendung 1
- [ ] b Sendung 2
- [ ] c Sendung 3

6 Die Sendung beschreibt die Folgen falschen Konsumverhaltens.

- [ ] a Sendung 1
- [ ] b Sendung 2
- [ ] c Sendung 3

12

Teil 2

Sie hören ein Radiointerview mit einer Persönlichkeit aus der Wissenschaft.

Sie hören den Text ***zweimal****. Wählen Sie bei jeder Aufgabe die richtige Lösung. Lesen Sie jetzt die Aufgaben 7 bis 15. Dazu haben Sie 60 Sekunden Zeit.*

7 In den Medien zeigt sich ein zunehmendes Desinteresse der Deutschen an Politik.

a stimmt b stimmt nicht c dazu wird nichts gesagt

8 Politikverdrossenheit ist ein von Wissenschaftlerinnen und Wissenschaftlern geprägter Ausdruck.

a stimmt b stimmt nicht c dazu wird nichts gesagt

9 Politikerinnen und Politiker aus verschiedenen Ländern bestreiten, sie würden die Wahrheit vertuschen.

a stimmt b stimmt nicht c dazu wird nichts gesagt

10 Das Misstrauen in die Politik äußert sich auch darin, dass große Parteien weniger Zulauf haben.

a stimmt b stimmt nicht c dazu wird nichts gesagt

11 Herr Josek meint, dass die Wahlprogramme eher den Interessen der älteren Generation entsprechen.

a stimmt b stimmt nicht c dazu wird nichts gesagt

12 Man kann der Politikverdrossenheit mit Aufklärung begegnen.

a stimmt b stimmt nicht c dazu wird nichts gesagt

13 Die Mehrheit der Deutschen würde einen eher autoritären Führungsstil begrüßen.

a stimmt b stimmt nicht c dazu wird nichts gesagt

14 Machtmissbrauch ist typisch für viele regierende Parteien.

a stimmt b stimmt nicht c dazu wird nichts gesagt

15 Deutsche neigen weniger zu Populismus als andere Nationen.

a stimmt b stimmt nicht c dazu wird nichts gesagt

13

Teil 3

Sie hören ein Gespräch mit mehreren Personen über Optimismus.

Sie hören den Text in vier Abschnitten jeweils ***einmal****. Zu jedem Abschnitt gibt es zwei Aufgaben. Wählen Sie bei jeder Aufgabe die richtige Lösung. Vor dem Hören eines Abschnitts haben Sie 30 Sekunden Zeit, um die zwei Aufgaben zu lesen.*

16 Optimismus ist …
- a angeboren.
- b erworben.
- c schwer zu definieren.

17 Gottfried Wilhelm Leibniz …
- a kritisierte die Jesuiten.
- b prägte den Begriff des Optimismus.
- c sah die Welt als das Bestmögliche.

18 Es ist wissenschaftlich bewiesen, dass …
- a auch Pessimisten eine hohe Lebenserwartung haben.
- b Optimismus und Langlebigkeit zusammenhängen.
- c Optimisten ein gesünderes Leben führen.

19 Wobei kann Optimismus helfen?
- a Das Individuum in die Gesellschaft einzugliedern.
- b Eine ausweglose Situation zu meistern.
- c Gutgläubigkeit zu überwinden.

20 Wie sollte man mit Enttäuschungen umgehen? Man sollte …
- a eine gesunde skeptische Haltung annehmen.
- b sich zunächst zurückziehen und nachdenken.
- c sie als Herausforderung annehmen.

21 Das Demenzrisiko sinkt, wenn man …
- a das Älterwerden bejaht.
- b genetisch ohne Vorbelastung ist.
- c Stress vermeidet und sich geistig fit hält.

22 Wovor warnt Frau Schild? Vor …

- a Automatisierungsprozessen.
- b der Manipulation der Seele.
- c übertriebenem Optimismus.

23 Was kann defensiver Pessimismus bewirken? Er …

- a kann negative Erfahrungen neutralisieren.
- b schützt vor Frustration.
- c verbessert unsere Menschenkenntnis.

14

Teil 4

Sie hören einen Vortrag über Kinderrechte und Kinderpolitik.

Sie hören den Text ***zweimal****. Wählen Sie bei jeder Aufgabe die richtige Lösung.*
Lesen Sie jetzt die Aufgaben 24 bis 30. Dazu haben Sie 90 Sekunden Zeit.

24 Was wurde durch die Kinderrechtskonvention erreicht?
- a Die Kinderrechte wurden an die neuen Lebensbedingungen angepasst.
- b Die Verantwortung der Eltern für die Kinder wurde festgelegt.
- c Eine allgemeingültige Wertvorstellung wurde geschaffen.

25 Warum ist das 20. Jahrhundert für die Rechte der Kinder entscheidend?
- a Die Kinder haben besonders gelitten.
- b Erstmals gab es ein Übereinkommen über Kinderrechte.
- c Sie schützten die Kinder vor den Folgen des Krieges.

26 Was beeinflusst den innerstaatlichen Umgang mit Kinderrechten? Die …
- a Akzeptanz illegaler Beschäftigung.
- b Höhe der Armutsgrenze.
- c nationalen Gegebenheiten.

27 Im 18. Jahrhundert …
- a gab es neue Ansätze zum Umgang mit Kindern.
- b verwendete man zum ersten Mal den Begriff Kindheit.
- c waren Kinder besonders schutzlos.

28 Das Konzept der Menschenrechte …
- a entstand in der Moderne.
- b schloss früher bestimmte Gruppen aus.
- c wurde im 19. Jahrhundert den Politikern aufgezwungen.

29 Der polnische Kinderarzt und Pädagoge Janusz Korczak …
- a beschränkte seine Forderungen auf Förderungs- und Schutzrechte.
- b entwarf ein neues Bild von Kindern.
- c forderte die gegenseitige Achtung von Kindern und Erwachsenen.

30 Welche Forderung steht abschließend im Mittelpunkt? Die …
- a Eindämmung von Kriegen und Pandemien.
- b Gestaltung der internationalen Gemeinschaft auch durch Kinder.
- c Veränderung der Klimapolitik.

vorgeschlagene Arbeitszeit: **50 Minuten**

Teil 1

Für das Internetforum *Digital leben* verfassen Sie einen Diskussionsbeitrag zu diesem Thema:

Netzkriminalität und Cybermobbing
Sollte das Internet stärker reguliert werden?

- Erklären Sie, welche Folgen das Internet als völlig rechtsfreier Raum haben könnte.
- Nennen Sie Beispiele, die einer rechtlichen Regulierung unterliegen sollten.
- Erläutern Sie, wie sich eine zu starke Regulierung auf die Meinungsfreiheit auswirken könnte.
- Nennen Sie Alternativen, wie man Menschen vor den Gefahren, die durch das Internet entstehen, schützen könnte.

Schreiben Sie circa **230** Wörter.

vorgeschlagene Arbeitszeit: **25 Minuten**

Teil 2

Ihr Büro befindet sich in einem großen Gebäude, in dem mehrere Firmen Räume angemietet haben. Im Büro unter Ihnen bellt unaufhörlich ein junger Hund. Obwohl Sie den Hundebesitzer schon mehrmals darauf angesprochen haben, hat sich bis jetzt nichts geändert. Verfassen Sie ein Schreiben an den Besitzer, Herrn Jung, in dem Sie ihn auf das Problem aufmerksam machen.

- Eröffnen Sie Ihr Schreiben höflich, indem Sie Verständnis für die Unterbringung des Hundes in den Büroräumen zeigen.
- Nennen Sie die Probleme, die durch die ständige Ruhestörung entstanden sind.
- Beschreiben Sie, welche Konsequenzen es geben wird, falls das Problem nicht gelöst wird.
- Machen Sie einen Vorschlag, wie die Ruhestörung verhindert werden kann.

Schreiben Sie circa **120** Wörter.

Für Teil 1 und Teil 2 gilt:
Bei der Bewertung wird darauf geachtet, wie genau die Inhaltspunkte bearbeitet sind, wie korrekt der Text ist und wie gut die Sätze und Abschnitte sprachlich miteinander verknüpft sind.

Dauer: circa **7 Minuten**

Teil 1 – einen Vortrag halten

Wählen Sie aus den beiden Themen **ein Thema** aus.

Thema 1

Sie nehmen an einem Seminar zu aktuellen Fragen teil und halten einen kurzen Vortrag zu dem von Ihnen gewählten Thema. Ihre Gesprächspartnerinnen/Gesprächspartner hören zu und stellen Ihnen anschließend Fragen dazu.

Brauchen wir Gewerkschaften?
Gewerkschaften sind unabhängige, demokratische Vereinigungen von Arbeitnehmer*innen, die die Interessen ihrer Mitglieder vertreten. Meist geht es um bessere Arbeitsbedingungen Ihrer Mitglieder. Um diese zu erreichen, werden Verhandlungen mit den Arbeitgeber*innen geführt. Gegebenenfalls werden auch Streiks oder Boykotts organisiert, um die Interessen durchzusetzen.

- Geben Sie ein Beispiel für Probleme von Arbeitnehmerinnen und Arbeitnehmern.
- Argumentieren Sie für oder gegen Gewerkschaften.
- Gehen Sie auf die Situation in Ihrem Heimatland oder einem anderen Land ein.
- Schließen Sie mit einem Ausblick in die Zukunft.

Thema 2

Sie nehmen an einer Veranstaltung zu aktuellen Fragen teil und halten einen kurzen Vortrag zu dem von Ihnen gewählten Thema. Ihre Gesprächspartnerinnen/Gesprächspartner hören zu und stellen Ihnen anschließend Fragen dazu.

Quelle: Internet
Immer mehr Schülerinnen und Schüler und Studentinnen und Studenten greifen bei der Recherche für Hausaufgaben oder Referate auf das Netz zurück. Viele Internetseiten versprechen schnelle Hilfe und bieten teilweise komplett fertige Arbeiten an.

- Geben Sie ein Beispiel aus dem Freundes- oder Familienkreis.
- Argumentieren Sie für oder gegen das Kopieren aus dem Internet.
- Gehen Sie auf die Situation in Ihrem Heimatland oder einem anderen Land ein.
- Erläutern Sie Möglichkeiten, wie man das Kopieren aus dem Internet verhindern kann.

Gehen Sie auf alle vier Punkte ein und achten Sie darauf, Ihren Vortrag gut zu strukturieren. Sprechen Sie circa 5 Minuten und beantworten Sie danach Fragen.

Diskussion für beide Teilnehmende: circa **5 Minuten**

Teil 2 – eine Diskussion führen

Sie diskutieren mit einer Freundin / einem Freund auf einer Party über das Thema *Veganismus*.

Ein gemeinsamer Freund möchte sich nur noch vegan ernähren. Kürzlich haben Sie etwas zum Thema in einer Zeitschrift gelesen.

Vegan leben
Vegane Ernährung bedeutet, auf Fleisch und Fisch sowie auf alle tierischen Erzeugnisse wie Milchprodukte, Eier und Honig zu verzichten. Personen, die streng vegan leben, nutzen außerdem keine Wolle und tragen auch kein Leder.

- Kommentieren Sie: Was halten Sie vom Verzicht auf tierische Erzeugnisse?
- Begründen Sie Ihre Haltung zu veganer Ernährung.
- Gehen Sie auf die Situation in Ihrem Heimatland oder einem anderen Land ein.
- Einigen Sie sich auf Argumente für ein Gespräch mit Ihrem Freund / Ihrer Freundin.

Diskutieren Sie gemeinsam circa 5 Minuten.

Modul *Lesen*

Teil 1

1	a
2	a
3	b
4	b
5	c
6	a
7	d
8	d

Teil 2

9	b
10	c
11	c
12	b
13	a
14	b
15	c

Teil 3

16	c
17	f
18	j
19	d
20	e
21	h
22	a
23	i

Teil 4

24	b
25	0
26	0
27	b
28	c
29	c
30	a

Modul *Hören*

Teil 1

1	b
2	a
3	c
4	c
5	b
6	a

Teil 2

7	b
8	b
9	c
10	a
11	a
12	a
13	b
14	c
15	a

Teil 3

16	b
17	c
18	b
19	b
20	c
21	a
22	a
23	b

Teil 4

24	c
25	b
26	c
27	a
28	b
29	b
30	b

Die Antwortbögen für die Module *Lesen* und *Hören* finden Sie auf den Seiten 126 und 127.

Modelltest 3, Schreiben Teil 1

Als regelmäßiger Internetnutzer kommt es mir gelegentlich so vor, **als** würden manche Personen das Internet als einen rechtsfreien Raum ansehen. **Neben** Beleidigungen, übler Nachrede oder Verleumdung verfassen manche sogar Nachrichten, **die** zur Gewalt aufrufen. **Selbstverständlich** sind solche Äußerungen **sowohl** in der realen **als auch** in der virtuellen Welt strafbar. Wäre das Netz ein Ort, an dem keine Gesetze gelten würden, wäre **weder** sicheres Onlinebanking **noch** der Austausch wichtiger Daten im Netz möglich.
Daher halte ich es für sehr wichtig, **dass** Bereiche des öffentlichen Lebens im Netz einer starken Kontrolle unterliegen **und** unsere persönlichen Daten geschützt werden. Dazu zählen neben dem Finanzwesen auch Webseiten von Gemeinden, Firmen und alles, **bei dem** es um An- und Verkauf von Waren und deren Bezahlung geht, **wie z. B.** eBay.
Eine Regulierung der Seiten von sozialen Netzwerken halte ich **dagegen** für weniger dringend. **Auch wenn** sich Menschen besonders oft auf diesen Seiten unangemessen äußern, **so** bleibt es doch ein privater Rahmen und niemand ist gezwungen, sich dort aufzuhalten. **Außerdem** wird das, **was** als strafbare Äußerung angesehen wird, von Land zu Land anders beurteilt. **Hier** sollte immer die Meinungsfreiheit im Mittelpunkt stehen, **denn** eine zu starke Regulierung im Netz kann sich auf die Qualität der Berichterstattung durch die Medien auswirken, oder Menschen werden verhaftet, **weil** sie ihre Meinung im Internet kundgetan haben. Grundsätzlich sollten auf allen Seiten immer die Menschenrechte als richtungsgebende Linie vorausgesetzt werden, **um** strafbare von legalen Äußerungen und Taten **zu** unterscheiden. Und zu den Menschenrechten gehört eben auch das Recht zur freien Meinungsäußerung.
Zuallererst liegt es jedoch an uns, dafür zu sorgen, **dass** es gar nicht erst zu verletzenden und strafbaren Äußerungen und Handlungen kommt, **egal ob** virtuell **oder** real. Wir müssen unsere Kinder zu Respekt und Toleranz erziehen **und** sie auch auf bestehende Gefahren im Netz **sowie** deren Handhabung hinweisen.

Modelltest 3, Schreiben Teil 2

Sehr geehrter Herr Jung,

auch ich bin Hundebesitzer und verstehe daher sehr gut, **dass** Sie Ihren Hund mit ins Büro bringen, **um** ihn nicht zu viele Stunden allein zu Hause **zu** lassen. **Allerdings** verursacht sein ständiges Bellen für unser gesamtes Team große Probleme. Jetzt im Sommer können wir wegen der Lautstärke unsere Fenster nicht öffnen, Sitzungen und Onlinemeetings sind in den Räumen direkt über Ihrem Büro überhaupt nicht mehr möglich. **Zudem** stört das Bellen die allgemeine Konzentration. Ich möchte Sie daher noch einmal höflich bitten, sich darum **zu** kümmern, **dass** Ihr Hund uns nicht weiter mit seinem Bellen belästigt, da ich mich ansonsten leider gezwungen sehe, mich direkt beim Hausverwalter über Sie **zu** beschweren.
Vielleicht ist ein Hundesitter, der sich ein paar Stunden am Tag um den Hund kümmert, eine akzeptable Möglichkeit. Auf der Seite *hundesitting.de* finden Sie zahlreiche Anzeigen von Menschen, die diese Aufgabe gegen Bezahlung übernehmen.

Mit freundlichen Grüßen
Hannelore Meye-Kurig

Modelltest 3, Sprechen Teil 1 – Thema 2

Stichpunkte zum Thema *Quelle: Internet*

In der Aufgabenstellung heißt es, dass Sie dafür *oder* dagegen argumentieren sollen, also klar für eine Seite Stellung beziehen sollen. Ihre Position sollte als „Roter Faden" im Vortrag zu erkennen sein. Konträre Argumente zur eigenen Position können aber angeführt werden, um die eigene Argumentation zu untermauern oder logisch zu entwickeln.

Pro:
- Es geht schnell und mühelos.
- Man kann hilfreiche Tipps und Inspirationen bekommen, die man allein nicht gefunden hätte.
- Das Internet kann als Kontrollinstrument gesehen werden, um zu überprüfen, ob die eigene Arbeit richtig ist.

Kontra:
- Das Internet verleitet dazu, dass Aufgaben stupide abgeschrieben werden und die Lernenden nicht mehr selbstständig denken, geschweige denn etwas dazulernen.
- Auch im Internet ist nicht immer alles korrekt, es besteht die Gefahr, dass Lernende den fremden Informationen mehr vertrauen als den eigenen und denen der Lehrkraft.
- Gibt man fremde Arbeiten als eigene ab, ist das Urheberrechtsverletzung und strafbar.

Möglichkeiten, das zu verhindern:
- Lehrkraft weist Lernende auf hilfreiche Seiten und Quellen direkt hin, so dass diesen bewusst wird, dass Kopieren hier der Lehrerin / dem Lehrer auffallen würde.
- Der richtige Umgang mit Informationen aus dem Netz oder generell Zitaten/Quellen wird explizit im Unterricht/Studium thematisiert.

Schlussfolgerung:
- Lernende müssen wissen, wie sie sich selbst helfen können und das eigene Lernen organisieren. Dafür kann das Internet eine Hilfe sein, aber nur, wenn man die Informationen richtig verwendet, bearbeitet und in die eigene Arbeit einfließen lässt.

Modelltest 3, Sprechen Teil 2

Stichpunkte zum Thema *Vegan leben*

Argumente für/gegen vegane Ernährung	
Pro	**Kontra**
→ Bei Veganer*innen kommt es deutlich seltener zu Zivilisationskrankheiten wie z. B. Diabetes oder Herz-Kreislauf-Erkrankungen.	→ Wenn man nicht penibel auf die eigene Ernährung achtet, kann es schnell zu Mangelerscheinungen kommen. Es besteht z. B. die Gefahr, dass der Körper nicht ausreichend mit Zink, Eiweiß, Eisen und Vitamin B versorgt wird.
→ Die vegane Ernährung beugt zudem Übergewicht vor.	→ Das kann zu Energieverlust, aber auch zu starken Entwicklungsverzögerungen besonders bei Kindern und Heranwachsenden führen.
→ Der Körper bleibt fit, denn er nimmt nur wenig gesättigte Fettsäuren und Cholesterin auf.	→ Vegane Ernährung setzt voraus, dass man sich immer mit den Inhaltsstoffen der Produkte auseinandersetzt. Das ist zeit- und energieaufwendig.
→ Durch die vegane Ernährung schützt man die Umwelt und die Ressourcen.	→ Es gibt nicht immer in Restaurants und Kantinen vegane Speisen, das macht es komplizierter, sich mit Freunden/Bekannten oder auch Geschäftspartnern zum Essen zu treffen.

Modelltest 4

Prüfungssimulation

→ Simulieren Sie jetzt die Prüfung.

→ Nehmen Sie sich bewusst drei Stunden Zeit.

→ Halten Sie sich dabei unbedingt an den Zeitrahmen.

→ Schlagen Sie nicht im Lösungsschlüssel nach. Benutzen Sie keine Hilfsmittel.

→ Am Ende addieren Sie Ihre erreichten Punkte. Dann wissen Sie, welche Chancen Sie für das Bestehen der Prüfung haben.

→ Wenn Sie bei der Prüfungssimulation merken, dass Ihnen ein Bereich noch Schwierigkeiten bereitet, sollten Sie diesen noch einmal gezielt üben.

vorgeschlagene Arbeitszeit: **10 Minuten**

Teil 1

Sie lesen in einer Zeitschrift einen Artikel über die Wirkung von Horrorfilmen.
Wählen Sie für jede Lücke die richtige Lösung.

Psychologie

Ist Film gleich Film?

Viele von uns kennen das: Man sitzt im Kino oder vor dem Fernseher und schaut einen Horrorfilm. Bei manchen Szenen halten wir uns Augen und Ohren zu, da die Szene unsere Vorstellungskraft **Beispiel 0** . Dabei fragen wir uns: Wer schaut sich denn so etwas freiwillig an? Nur Verrückte und Irre? Ja, behaupteten viele Filmkritikerinnen und Filmkritiker und Psychologinnen und Psychologen noch bis vor wenigen Jahren. Eine neue Studie der Verhaltensforschung zeigt, dass diese mittlerweile veraltete Einschätzung jedoch bis heute eine 1 … Meinung darstellt. Die Probandinnen und Probanden waren mehrheitlich der Meinung, dass es Fans von Horrorfilmen 2 … Empathie und Mitgefühl mangele.

Neuere Befunde legen jedoch nahe, dass Freunde von Horror keineswegs jene Monster sind, zu denen man sie oft macht. Verschiedene Persönlichkeitstest haben nämlich gezeigt, dass zwischen der Freude an brutalen Filmen und dem eigenen Vermögen, Mitgefühl zu zeigen und sich in andere hineinzuversetzen, kein Zusammenhang zu finden war. 3 … dem Horror-Genre zugetan ist, ist nicht zwingend kaltherziger als Menschen, die sich zu romantischen Filmen hingezogen fühlen. Menschen, die gerne Komödien sehen, haben ja auch nicht zwangsläufig Humor. Es gibt sogar Hinweise 4 … , dass die Freunde der Schock-Branche etwas mehr zu Mitgefühl und Empathie neigen als Fans anderer Filmbranchen.

Es zeigte sich auch kein signifikanter 5 … , als während der Studie tatsächliches Verhalten untersucht wurde. Beispielsweise sollten die Probandinnen und Probanden Geld mit einer ihnen unbekannten Person teilen. Dabei konnten die Teilnehmenden der Studie selbst entscheiden, 6 … sie überhaupt teilen möchten und wenn ja, wie viel sie abgeben wollen. Auch in diesem Fall gab es große Übereinstimmungen zwischen denen, die Horror mögen und denen, die andere Unterhaltung bevorzugen. Selbstverständlich sollte eine einzelne Studie niemals überbewertet werden, denn ein Einzelergebnis bedeutet noch keine Gewissheit. Doch die angeblich 7 … Wirkung von bestimmter Musik, diversen Comics, brutalen Computerspielen usw. wird ja schon seit jeher überdreht diskutiert und zieht auch oft überzogene Panik nach sich. Vielleicht zur Beruhigung: Nicht alles, 8 … laut und brutal anmutet, verdirbt auch automatisch den Charakter.

Beispiel:

	a	b	c	d
0	überragt	überschreitet	☒ übersteigt	überwindet
1	angehende	gangbare	gängige	gehende
2	an	mit	über	von
3	Eine Person	Irgendjemand	Jemand	Wer
4	dahin	darauf	darüber	darunter
5	Gegensatz	Kontrast	Unterschied	Zwiespalt
6	als	falls	ob	wenn
7	geschadete	geschädigte	schadhafte	schädigende
8	das	was	was für	welches

vorgeschlagene Arbeitszeit: **20 Minuten**

Teil 2

Sie lesen im Internet einen Artikel über eine Studie über eine Baumart.
Wählen Sie bei jeder Aufgabe die richtige Lösung.

Der Alleskönner
Wege aus der Rohstoffkrise

Der Pate für die Idee steht im Botanischen Garten der Uni Bonn, ein beeindruckender Kiribaum, auch Paulownia, Blauglocken- oder Kaiserbaum genannt. In seiner Heimat Japan ist es Tradition, für ein neugeborenes Mädchen einen solchen schnell wachsenden Baum zu pflanzen. Ist das Kind erwachsen, liefert er das Holz für Möbel und Gebrauchsgegenstände. Das brachte Peter Diessenbacher vor einigen Jahren auf die Idee, den Kiribaum im großen Stil zur Rohstoffgewinnung zu nutzen. Damals studierte er Agrarwissenschaften.

Diessenbacher züchtete zunächst den Kiri-Hybrid Nordmax21, der auch im strengen mitteleuropäischen Klima wächst und gedeiht. Im Herbst 2011 wurden in Birlinghoven bei Bonn der Grundbaum und 2000 Setzlinge auf fünf Hektar Land gepflanzt. Das Timing war gut, denn erst mit dem 2010 geänderten Bundeswaldgesetz dürfen schnell wachsende Bäume auf sogenannten Kurzumtriebsplantagen angepflanzt werden. Der Kiribaum eignet sich sehr gut dafür: Klimaveränderungen machen ihm nichts aus, er wächst schon im ersten Jahr fast 1,5 Meter. Nach nur 16 Jahren beträgt der Stammdurchmesser 70 Zentimeter, das Holzvolumen entspricht dem einer Deutschen Eiche nach 120 Jahren Wachstum.

Das Kiri-Holz ist mit 300 Kilogramm pro Kubikmeter ein echtes Leichtgewicht, es wiegt nur halb so viel wie das Holz klassischer Baumarten, hat aber eine enorme Festigkeit und Dichte und lässt sich hervorragend verarbeiten. Zudem ist es wegen der geschlossenen glatten Rinde sicher vor dem gefürchteten Borkenkäfer. Den hohen Ansprüchen bei Boots- und Surfbrettkonstruktionen sowie beim Instrumentenbau genügt es vollkommen. Der Kiribaum ist anspruchslos und vielfältig verwendbar. Diessenbacher nennt noch weitere Vorteile: „Die Hauptwachstumsphase dauert vom Frühjahr bis zum Spätherbst, in den Wintern verlagert sich das Wachstum in den Wurzelbereich, dort werden Nährstoffe gesammelt und neue Wurzeln gebildet. Und wenn man den Baum absägt, wächst ein neuer Stamm aus dem Wurzelwerk nach, das nennen wir echtes nachhaltiges Wachstum. Wobei jeder Hektar einer Kiri-Plantage etwa 300 Tonnen CO_2 bindet."

Er und seine Mitgründerin, Allin Gasparian, sehen weltweites Potenzial für Kiribaum-Plantagen. Nach eigenen Angaben ist ihr Unternehmen We Grow Marktführer unter den europäischen Produzenten. Für neue Hölzer gibt es Bedarf, denn Stürme, Dürren, Hitzewellen und die starke Vermehrung des Borkenkäfers haben den heimischen Wäldern seit einigen Jahren massiv geschadet. Drei Viertel des geschlagenen Holzes war im letzten Jahr sogenanntes Kalamitätsholz, also solches von Bäumen, die wegen Schäden gefällt werden mussten. Hinzu kommt die steigende Nachfrage, besonders aus den Vereinigten Staaten und China. Das sorgt in Verbindung mit der boomenden Bauwirtschaft für hohe Preise und Lieferschwierigkeiten. Die Wartezeiten für geeignete Hölzer erschweren jede Zeitplanung bei aktuellen Bauprojekten.

Diessenbach, mittlerweile Technikchef, und Gasparian, heute Finanzdirektorin, haben etwa 100 Mitarbeiterinnen und Mitarbeiter, das Gros arbeitet in der spanischen Niederlassung in der Nähe von Toledo. „Spanien bot uns 300 Hektar für unsere Plantage, die Bodenpreise sind deutlich günstiger, die Vegetationsperiode mit idealen Licht- und Wärmeverhältnissen ist acht Wochen länger", so Diessenbach. We Grow konnte alle 70 Arbeitsplätze auf der Farm schnell besetzen, ein moderner Maschinenpark begleitet die Bäume von der Pflanzung bis zur Fällung, das Holz wird auch vor Ort verarbeitet. Auf den Plantagen der iberischen Halbinsel wachsen mehr als 250 000 Bäume; eine Million Jungpflanzen verkauft das Unternehmen pro Jahr an Kunden. Ein Kiribaum für den eigenen Garten kostet 20 Euro.

Auch in der Baubranche hat man den Kiribaum entdeckt. Mit der Berliner Firma MQ Real Estate fand We Grow einen Partner, dessen Spezialität aufgesetzte Bauten auf Parkhäusern und großen Flachdächern sind. Björn Hiss, den Geschäftsführer von MQ, freut es, dass das Kiri-Holz nur etwa halb so viel wiegt wie klassisches Bauholz, ein großer Vorteil für Lastenverteilung und Statik. Daher eignet sich das Material gut für Aufstockungen, Verdichtungen, Baulücken und Anbauten. Bis zu acht Stockwerke kann man im Ständerbau realisieren, da es vergleichsweise viel aushält.

Thomas Rohner, Professor an der Berner Fachhochschule Architektur, Holz und Bau erforscht das Material seit Jahren und prophezeit ihm eine große Zukunft, denn „die Umschlagszeit von Pflanzung bis Ernte in acht bis zwölf Jahren ist so kurz wie bei keiner anderen Baumart". Das Holz könne sogar im Brandschutz eine Rolle spielen. Der Plantagenanbau sei auch auf mäßigen Böden erfolgreich und schaffe Jobs in der Landwirtschaft. Der Kiribaum hat also gute Chancen, sowohl einen Beitrag zum Klimaschutz zu leisten als auch zur Linderung der Rohstoffnot. Er wächst schneller als jede andere Baumart, bindet mit seinen ein Quadratmeter großen Blättern fünfmal so viel CO_2 wie andere Arten im Schnitt und liefert vielfältig nutzbares Holz. Gute Wachstumsperspektiven also für We Grow.

9 Der Kiribaum …

- a dient in Japan einem alten Ritual.
- b inspirierte einen Jungunternehmer zu einer Innovation.
- c ist in Japan seit langer Zeit als nachhaltig bekannt.

10 Die Neuzüchtung …

- a darf auf extra ausgewiesenen Feldern angepflanzt werden.
- b hatte zunächst Probleme dem mitteleuropäischen Klima standzuhalten.
- c verdrängt nach und nach die Deutsche Eiche.

11 Welche Vorzüge des Kiribaumes werden u.a. angesprochen?

- a Er lässt sich leicht fällen.
- b Sein Holz ist sehr robust.
- c Sein Stamm wächst auch im Winter.

12 Weshalb ist die Nachfrage nach neuen Hölzern so hoch?

- a Das Angebot an Holz kann den Bedarf nicht decken.
- b In den letzten Jahren wurde zu viel abgeholzt.
- c Sie können dem Klimawandel besser widerstehen.

13 Was passiert in Spanien?

- a Das Holz wird nach dem Fällen nach Deutschland gebracht.
- b Die Mitarbeiterzahl des Unternehmens steigt ständig.
- c Land ist preiswerter als in Deutschland.

14 Welche Eigenschaft macht das Kiriholz in der Baubranche so beliebt?

- a Sein geringes Gewicht.
- b Seine hohe Dichte.
- c Seine lange Haltbarkeit.

15 Professor Rohner …

- a kritisiert das zu schnelle Abholzen der Bäume.
- b lobt den vielfältigen Einsatz dieser Baumart.
- c warnt vor der leichten Entflammbarkeit des Holzes.

vorgeschlagene Arbeitszeit: **20 Minuten**

Teil 3

Sie lesen in einer populärwissenschaftlichen Zeitschrift einen Kommentar.
Welche Sätze passen in die Lücken? Zwei Sätze passen nicht.

Kitas sollten Innovationslabore sein!

Die Arbeit von Kitas verändert sich: In einer Einwanderungsgesellschaft nehmen kulturelle und sprachliche Vielfalt stetig zu. **Beispiel 0** Gleichzeitig wird immer deutlicher, wie relevant die ersten Lebensjahre für die gesamte Bildungslaufbahn sind.

Laut Studien zeigen sich bereits im ersten Jahr nach der Geburt deutliche herkunftsbedingte Kompetenzunterschiede. Bis zur Einschulung werden die Diskrepanzen in dem, was Kinder können, immer größer. Höchste Zeit also, in der frühen Bildung neue Wege zu gehen. 16 … Für viele Akteure in Politik und Wissenschaft, aber auch bei den Trägern und den Einrichtungen, sind die Begriffe »Kindergarten« und »Innovation« noch immer ein Gegensatzpaar.

Dabei können Kitas durchaus Innovationslabore sein. Aktuell zeigt sich das Problem besonders bei der Digitalisierung. In anderen Ländern ist die digitale pädagogische Arbeit wie auch die digitale Dokumentation von Bildungsprozessen deutlich weiter, etwa in Neuseeland und Finnland. 17 … Mit deren Hilfe wird eine großartige Möglichkeit geschaffen, mit den Eltern Neuigkeiten auszutauschen, Veranstaltungen bekannt zu machen, Themen zu diskutieren und Feedback zu sammeln. Sie ist auch ein ausgezeichneter Kanal für Familien, miteinander zu kommunizieren und Ideen auszutauschen, zu einer Zeit, in der es schwierig sein kann, sich von Angesicht zu Angesicht zu treffen. Auch in anderen Bereichen kann die Digitalisierung hilfreich sein, etwa bei digitalen Fortbildungen, durch die Fachkräfte viel Zeit sparen können. 18 … In allen Bundesländern werden die deutschen Sprachkenntnisse der Kinder ein bis eineinhalb Jahre vor der Einschulung geprüft. Das Ziel ist, die Kinder in der Kita sprachlich so zu fördern, dass sie später in der Grundschule gut mitkommen und ihre Bildungschancen wahrnehmen können. 19 … Zudem ist der Flickenteppich in Deutschland groß, er überfordert viele Menschen, die in dem Bereich arbeiten.

In anderen Ländern, etwa in Österreich, wurden einheitliche Verfahren verbindlich eingeführt. 20 … Kaum zu glauben, aber Kinderbücher in wichtigen Herkunftssprachen wie Arabisch, Türkisch, Rumänisch oder Russisch sind in Deutschland so gut wie nicht verfügbar. Nicht zu unterschätzen ist auch die Elternarbeit bei Migrationshintergrund. Klassische Elternabende oder Themenmittage werden aufgrund der mangelnden Sprachkenntnisse immer weniger nachgefragt. Denkbar wären gemeinsame Exkursionen mit den Eltern, Hospitationen der Eltern in der Kita oder Sprachkursangebote für Eltern mit geringen Deutschkenntnissen.

Die Corona-Pandemie hat einen erheblichen Veränderungsdruck ausgeübt, den Kitas mit beeindruckendem Engagement bewältigt haben: Plötzlich gab es digitale Plattformen für den Kontakt mit den Eltern, digitale Elternabende und Entwicklungsgespräche. 21 … Doch die deutschen Strukturen in der frühkindlichen Bildung sind träge und konservativ. Längst nicht überall werden Neuerungen und gute Ideen wertgeschätzt. Insbesondere bei Politik und Verbänden wünschen wir uns eine innovationsfreudigere Haltung. Das gilt auch für den Transfer aus der Wissenschaft in die Praxis: In vielen Lebensbereichen ist das selbstverständlich. 22 … Eine stärkere Verzahnung der Lehrstühle für Kindheitspädagogik mit der Kita-Praxis würde hier helfen.

Innovationsfördernde Kreativlabore und hochschulnahe Thinktanks* sind in der frühen Bildung bislang nicht vorhanden, es gibt so gut wie keine Hochschul-Kitas, in denen auch geforscht und gelehrt wird. Für die Schulen gibt es eine gemeinsame Anstrengung von Bund und Ländern, um der Digitalisierung im Klassenzimmer einen großen Schub zu geben. 23 … Wie lange noch?

**Thinktank: Institut oder Unternehmen, das Fachwissen nutzt, um eine Vielzahl von Themen eingehend zu erforschen.*

Beispiel:

0 Mehr als jedes fünfte Kita-Kind hat laut Familienministerium heute eine Migrationsgeschichte.

a Bei der sprachlichen Bildung ist die Digitalisierung ebenfalls von Vorteil.

b Das stellt nicht nur die Eltern vor große Herausforderungen.

c Auch die Bereitstellung von Vorlesematerialien in Apps in verschiedenen Sprachen wäre eine bedeutende Innovation mit Blick auf frühe Mehrsprachigkeit:

d Für die frühe Bildung fehlt ein solcher Digitalpakt bislang.

e Doch woher sollen die Ideen für die frühe Bildung kommen?

f Hier ist Know-how entstanden, das jetzt weiterentwickelt werden sollte.

g Dort hält das Personal die kindliche Entwicklung zum Beispiel mithilfe von Apps wie »Storypark« fest.

h Dafür müssten die Pädagogen digital besser aufgestellt sein.

i Doch von den 22 hierzulande gängigen Verfahren zur Feststellung des Sprachstands sind bislang nur fünf digital verfügbar.

j In der frühen Bildung leider noch nicht.

vorgeschlagene Arbeitszeit: **15 Minuten**

Teil 4

Sie lesen in einer Fachzeitschrift Beiträge von Expertinnen und Experten.
Wählen Sie bei jeder Aussage: Wer äußert das? Zwei Aussagen passen nicht. Markieren Sie in diesem Fall 0.

Beispiel:

0 Trotz niedriger Zinsen sparen einige Bürgerinnen und Bürger immer noch. [a]

24 Unsere Gesellschaft vergeudet Gelder und ist gleichzeitig hoch verschuldet. [ ]

25 In der Zukunft wird Sparen wieder attraktiver werden. [ ]

26 Der Verzicht aufs Sparen ist nicht vertretbar. [ ]

27 Die Vertreter des Staates befürworten den übermäßigen Konsum. [ ]

28 Schon früher wurde das Thema *Sparen* konträr diskutiert. [ ]

29 Es gibt interessante Alternativen zum Sparen. [ ]

30 Das Desinteresse am Sparen betrifft nicht nur den Finanzbereich. [ ]

Zukunftsfragen unserer Gesellschaft

Soll man heute noch sparen?

a Dionysis Sakelaropoulos, Politökonom

Die Bürgerinnen und Bürger Deutschlands tragen heutzutage ihre Ersparnisse zur Bank, ohne viel dafür zu bekommen. Soll man also überhaupt noch sparen? Für den Urvater der modernen Wirtschaftswissenschaft, Adam Smith, war die Antwort eindeutig: Sparen sei eine Tugend, denn nur das Sparen ermögliche dem Menschen Wohlstand. Smith war also nicht nur Ökonom, sondern auch Moralist. Sein Zeitgenosse im preußischen Königsberg, der Philosoph Immanuel Kant, meinte hingegen, dass Sparsamkeit nichts Tugendhaftes an sich habe, denn sparen könne auch der Dümmste, während man unter den Verschwendern und Schuldnern die aufgewecktesten und geistreichsten Persönlichkeiten finde. Für unsere Gesellschaft und vor allem für die Politikerinnen und Politiker ist das natürlich Balsam für die Ohren, denn wir haben uns zu einer Verschwendungsgesellschaft entwickelt. Wir sind zum Verschwenden verurteilt, auch wenn wir sparen möchten. Denn wo werden überhaupt noch Anreize zum Sparen gegeben?

b Laurentia Köbler, Wirtschaftsjournalistin

Die privaten Ersparnisse sind in Deutschland so hoch wie noch nie zuvor in der Geschichte. Denen stehen die von Jahr zu Jahr größer werdenden Schulden der öffentlichen Hand gegenüber. Durch den Aufbau immer größerer staatlicher Schuldenberge werden alle privaten Ersparnisse unsicher. Denn wer soll denn für die Begleichung der Schulden herangezogen werden?! Doch wohl nur die Steuerzahlenden und die Sparenden. Und zwar mithilfe von neuen oder höheren Steuern oder der inflationären Tilgung öffentlicher Schulden und der gleichzeitigen Vernichtung aller Ersparnisse. Aber auch im Umgang mit Umwelt und Ressourcen fehlt es uns am Willen zu sparen. Und die Politikerinnen und Politiker wissen schon lange: Jede Sparmaßnahme kann Wählerstimmen kosten, also werden Gelder verschwendet. Die rasch wachsende Wirtschaft brachte zwar den Massenwohlstand. Doch ist unserem System auf vielen Ebenen die Nachhaltigkeit verloren gegangen.

c Dr. Torsten Iwersen, Investmentanalyst

Sparen ist wichtig! Das ist eine Überzeugung, die die älteren Deutschen bereits mit der Muttermilch aufgesogen haben. Es gehört automatisch zur Altersvorsorge dazu und soll auch vor unvorhergesehenen Ereignissen schützen. Gewisse äußere Einflussfaktoren führen womöglich dazu, dass sich das Beiseitelegen von Geld nicht mehr derart lohnt wie noch vor einigen Jahren. Mit Zinsen ist es schließlich vorbei. Kein Zweifel: Immer wenn die Inflation ansteigt, sind Investoren verunsichert, denn das Geld, das nur auf der Bank liegt, verliert Jahr für Jahr an Wert. Man wird nicht mehr für das Sparen in Form von Zinsen und Rendite belohnt, sondern sogar bestraft, weil man es wagt, ein Vermögen anzuhäufen. Somit scheint Konsum oder gar Schulden zu machen die bessere Alternative zu sein. Trotzdem finde ich es grob fahrlässig, jetzt einfach nicht mehr zu sparen und nur noch zu konsumieren. Wir müssen mit den sich verändernden Zeiten neue Wege finden, um altbekannte Probleme zu lösen.

Circa 40 Minuten für Hören Teil 1 bis 4

15

Teil 1

Sie hören einen Podcast über neue Sport-Dokumentationen.

*Sie hören den Text **einmal**. Wählen Sie bei jeder Aufgabe, zu welcher Dokumentation die Aussage passt. Lesen Sie jetzt die Aufgaben 1 bis 6. Dazu haben Sie 60 Sekunden Zeit.*

Beispiel:

0 Es geht um eine Vorkämpferin für die Gleichberechtigung.

- [x] a Doku 1 – Kampf der Geschlechter
- [ ] b Doku 2 – Geschlecht zweiter Klasse
- [ ] c Doku 3 – Sport und Gleichberechtigung

1 Die Doku macht darauf aufmerksam, dass viele Leistungssportlerinnen oft ohne Unterstützung dastehen.

a Doku 1 b Doku 2 c Doku 3

2 Die Ungleichheit bei den Siegerprämien wird wirtschaftlich begründet.

a Doku 1 b Doku 2 c Doku 3

3 Die Doku beschreibt die Niederlage eines arroganten Mannes.

a Doku 1 b Doku 2 c Doku 3

4 In der Dokumentation werden Lösungsansätze präsentiert.

a Doku 1 b Doku 2 c Doku 3

5 Man erfährt etwas über die Geschichte der Siegerprämien.

a b c Doku 3

6 Der Umgang mit dem Thema wird an Einzelschicksalen demonstriert.

a Doku 1 b Doku 2 c Doku 3

16

Teil 2

Sie hören ein Radiointerview mit einer Persönlichkeit aus der Wissenschaft.

*Sie hören den Text **zweimal**. Wählen Sie bei jeder Aufgabe die richtige Lösung. Lesen Sie jetzt die Aufgaben 7 bis 15. Dazu haben Sie 60 Sekunden Zeit.*

7 Die Verfügbarkeit digitaler Medien erleichtert die Entstehung einer Abhängigkeit.

a stimmt | b stimmt nicht | c dazu wird nichts gesagt

8 Die Selbsteinschätzungen der Testpersonen stimmten nicht mit der Wirklichkeit überein.

a stimmt | b stimmt nicht | c dazu wird nichts gesagt

9 Herr Knizka meint, dass Frauen Smartphones länger und häufiger nutzen als Männer.

a stimmt | b stimmt nicht | c dazu wird nichts gesagt

10 Persönliche Daten haben laut Simon Knizka den Status einer Währung.

a stimmt | b stimmt nicht | c dazu wird nichts gesagt

11 Man kann durch geschicktes Verhalten das Ausspionieren durch die Werbeindustrie unterbinden.

a stimmt | b stimmt nicht | c dazu wird nichts gesagt

12 Viele Internetnutzer sind sich der Gefahren bewusst, die durch das Veröffentlichen von Privatfotos entstehen.

a stimmt | b stimmt nicht | c dazu wird nichts gesagt

13 Die Weltgesundheitsorganisation (WHO) erkennt bestimmte Online-Exzesse als Sucht an.

a stimmt | b stimmt nicht | c dazu wird nichts gesagt

14 Herr Knizka sagt, dass alle Arten von Online-Sucht ein gemeinsames Merkmal haben.

a stimmt | b stimmt nicht | c dazu wird nichts gesagt

15 Herr Knizka kritisiert, dass die WHO in der Vergangenheit übereilt Urteile gefällt hat.

a stimmt | b stimmt nicht | c dazu wird nichts gesagt

17

Teil 3

Sie hören ein Gespräch mit mehreren Personen über Entwicklungen auf dem Arbeitsmarkt.

Sie hören den Text in vier Abschnitten jeweils ***einmal****. Zu jedem Abschnitt gibt es zwei Aufgaben. Wählen Sie bei jeder Aufgabe die richtige Lösung. Vor dem Hören eines Abschnitts haben Sie 30 Sekunden Zeit, um die zwei Aufgaben zu lesen.*

16 Die höhere Lebenserwartung …
- a beeinflusst das Wirtschaftswachstum unmittelbar.
- b findet bei den meisten Firmen bereits Berücksichtigung.
- c hat schon jetzt Folgen in der Arbeitswelt.

17 Die Produktivität älterer Mitarbeiterinnen und Mitarbeiter …
- a beeinflusst die Produktivität jüngerer Angestellter.
- b hängt von der Arbeitsatmosphäre ab.
- c ist niedriger als die der jüngeren.

18 Worin sind ältere Mitarbeiterinnen und Mitarbeiter besser als jüngere?
- a Bei der Teambildung.
- b Beim Vermitteln neuer Inhalte.
- c Im Konfliktmanagement.

19 Das Motiv der Generativität …
- a bedeutet die Übernahme von Verantwortung für die Folgegeneration.
- b hilft Älteren besser mit Teamarbeit zurechtzukommen.
- c sollte in Unternehmen besser durchgesetzt werden.

20 Herr Batic plädiert für …
- a die Abschaffung der Rente.
- b eine andere Strukturierung der Lebensabschnitte.
- c eine Verlängerung des Arbeitslebens.

21 Frau May fordert für die künftige Arbeitswelt …
- a bessere Weiterbildungsmöglichkeiten.
- b ein niedrigeres Rentenalter.
- c mehr Spielraum für die Beschäftigten.

22 Frau May glaubt, dass in Zukunft …

- [a] auf die Arbeitnehmenden neue Herausforderungen zukommen.
- [b] Familie und Beruf noch schwieriger zu vereinbaren sind.
- [c] neue Berufe entstehen werden.

23 Das Bildungssystem …

- [a] muss die Online-Angebote weiter ausbauen.
- [b] sollte attraktiver für alle Altersgruppen werden.
- [c] stellt älteren Lernenden Didaktiker zur Seite.

18

Teil 4

Sie hören einen Vortrag über den Zustand der deutschen Hochschulen.

*Sie hören den Text **zweimal**. Wählen Sie bei jeder Aufgabe die richtige Lösung. Lesen Sie jetzt die Aufgaben 24 bis 30. Dazu haben Sie 90 Sekunden Zeit.*

24 Zu welcher Einschätzung sind Expertinnen und Experten gekommen?
- a Deutsche Hochschulen sind für die kommenden Jahre gut gewappnet.
- b Deutsche Hochschulen sind bei ausländischen Studierenden äußerst begehrt.
- c Es gibt immer weniger Studierende in den MINT-Fächern*.

25 Die Fachleute untersuchten …
- a die Aktualität der formulierten Zielsetzungen.
- b die Erfüllung vorgegebener Ziele.
- c jedes Jahr eine andere Domäne.

26 Welche positiven Entwicklungen stellt der Bericht heraus?
- a Die Digitalisierung verläuft mit der erwünschten Geschwindigkeit.
- b Die Entwicklung in der Weiterbildung ist zufriedenstellend.
- c Die Hochschulen sind deutlich internationaler geworden.

27 Die Expertinnen und Experten kritisieren …
- a das Verhältnis von Theorie und Praxis beim Masterstudium.
- b die rückläufigen Zahlen in den Fernstudiengängen.
- c die Unausgewogenheit der Geschlechter beim Lehramtsstudium.

28 Die Forderungen des Wissenschaftsrates betreffen …
- a das Bildungsangebot.
- b das Verhältnis von Kosten und Gewinn.
- c die Steigerung der Anzahl der Studierenden.

29 Was wird in Bezug auf Dozierende gefordert? Die …
- a Intensivierung ihres Verhältnisses zu den Studierenden.
- b Neuberechnung ihrer Einkünfte.
- c Überarbeitung der Inhalte von Prüfungen und Vorlesungen.

30 Die Reformvorschläge …
- a begünstigen Studierende aus akademischem Hause.
- b finden bei Studierenden großen Zuspruch.
- c stellen die Forschung in den Vordergrund.

* ***MINT**-Fächer: die Fächer **M**athematik, **I**nformatik, **N**aturwissenschaften und **T**echnik*

vorgeschlagene Arbeitszeit: **50 Minuten**

Teil 1

Für das Internetforum *Bessere Integration* verfassen Sie einen Diskussionsbeitrag zu diesem Thema:

Soll Englisch zweite Behördensprache in Deutschland werden?

- Erklären Sie, welche Kriterien Angestellte in Behörden mit Publikumsverkehr erfüllen sollten.
- Argumentieren Sie anhand von Beispielen für oder gegen Englisch als zweite Behördensprache.
- Erläutern Sie, wie wichtig es für die Integration ist, die Landessprache zu beherrschen.
- Nennen Sie Möglichkeiten, eine zweite Fremdsprache zu lernen.

Schreiben Sie circa **230** Wörter.

vorgeschlagene Arbeitszeit: **25 Minuten**

Teil 2

Sie sind letzte Woche zum ersten Mal in Ihrer langjährigen Betriebszugehörigkeit zu spät gekommen. Daraufhin erhielten Sie von Ihrer Vorgesetzten eine E-Mail mit dem Hinweis darauf, dieses Verhalten in Zukunft zu unterlassen. Schreiben Sie eine Beschwerde an Ihre Vorgesetzte, Frau Marek.

- Eröffnen Sie Ihr Schreiben, indem Sie Verständnis für die Wichtigkeit der Einhaltung der Arbeitszeit zeigen.
- Nennen Sie die Ursache Ihres Zuspätkommens.
- Äußern Sie Ihren Unmut über die E-Mail Ihrer Vorgesetzten.
- Machen Sie einen Vorschlag für den Umgang mit Verspätungen.

Schreiben Sie circa **120** Wörter.

Für Teil 1 und Teil 2 gilt:
Bei der Bewertung wird darauf geachtet, wie genau die Inhaltspunkte bearbeitet sind, wie korrekt der Text ist und wie gut die Sätze und Abschnitte sprachlich miteinander verknüpft sind.

Dauer: circa **7 Minuten**

Teil 1 – einen Vortrag halten

Wählen Sie aus den beiden Themen **ein Thema** aus.

Thema 1

Sie nehmen an einem Seminar zu sozialen Fragen teil und halten einen kurzen Vortrag zu dem von Ihnen gewählten Thema. Ihre Gesprächspartnerinnen/Gesprächspartner hören zu und stellen Ihnen anschließend Fragen dazu.

Sollte es kinderfreie Zonen geben?
Hotels und Restaurants richten immer öfter kinderfreie Zonen ein. Begründung: Laut schreiende, herumrennende Kinder behindern die Servicekräfte und stören die Ruhe der anderen Gäste. Gegner dieser Maßnahme sehen eher die Eltern in der Pflicht.

- Geben Sie ein Beispiel für Situationen, in denen sich jemand gestört fühlen könnte.
- Argumentieren Sie für oder gegen kinderfreie Zonen.
- Äußern Sie sich: Inwieweit sind Eltern für das Verhalten ihrer Kinder verantwortlich?
- Machen Sie einen Vorschlag, was man tun könnte, um den Bedarf der Gäste nach Ruhe zu befriedigen.

Thema 2

Sie nehmen an einer Veranstaltung zu aktuellen Themen teil und halten einen kurzen Vortrag zu dem von Ihnen gewählten Thema. Ihre Gesprächspartnerinnen/Gesprächspartner hören zu und stellen Ihnen anschließend Fragen dazu.

Sind Atomkraftwerke zeitgemäß?
Energiegewinnung aus Kernkraft ist nach wie vor heiß umstritten. Galten die ersten Kernkraftwerke noch als Reaktoren des Wohlstandes, änderten in den siebziger Jahren viele Menschen ihre Grundhaltung zur Kernenergie.

- Geben Sie ein Beispiel für den Nutzen oder Schaden von Atomkraftwerken.
- Argumentieren Sie für oder gegen Kernkraft.
- Gehen Sie auf die Situation in Ihrem Heimatland oder einem anderen Land ein.
- Erläutern Sie andere Möglichkeiten, wie man Energie gewinnen kann.

Gehen Sie auf alle vier Punkte ein und achten Sie darauf, Ihren Vortrag gut zu strukturieren. Sprechen Sie circa 5 Minuten und beantworten Sie danach Fragen.

Diskussion für beide Teilnehmende: circa **5 Minuten**

Teil 2 – eine Diskussion führen

Sie diskutieren mit einer Freundin / einem Freund über das Thema *Spendenbereitschaft*.

Kürzlich haben Sie etwas zum Thema in einer Zeitschrift gelesen und diskutieren nun darüber.

Sinkende Spendenbereitschaft
Nur 17 Prozent der Deutschen wollen in Zukunft eine wohltätige Organisation unterstützen. Das sind vier Prozent weniger als noch vor fünf Jahren. Allerdings sind viele Jugendliche – immerhin 65 Prozent – bereit, für eine solche Organisation zu arbeiten.

- Kommentieren Sie: Was halten Sie vom Spenden?
- Begründen Sie Ihre Haltung zum Spenden.
- Gehen Sie auf die Situation in Ihrem Heimatland oder einem anderen Land ein.
- Fassen Sie Ihre Argumente in einem abschließenden Fazit kurz zusammen.

Diskutieren Sie gemeinsam circa 5 Minuten.

Modul *Lesen*

Teil 1		Teil 2		Teil 3		Teil 4	
1	c	9	a	16	e	24	b
2	a	10	a	17	g	25	0
3	d	11	b	18	a	26	c
4	b	12	a	19	i	27	a
5	c	13	c	20	c	28	a
6	c	14	a	21	f	29	0
7	d	15	b	22	j	30	b
8	b			23	d		

Modul *Hören*

Teil 1		Teil 2		Teil 3		Teil 4	
1	b	7	a	16	c	24	c
2	c	8	a	17	b	25	b
3	a	9	b	18	c	26	c
4	c	10	a	19	a	27	c
5	a	11	c	20	b	28	a
6	b	12	a	21	c	29	a
		13	a	22	a	30	b
		14	a	23	b		
		15	b				

Die Antwortbögen für die Module *Lesen* und *Hören* finden Sie auf den Seiten 126 und 127.

Modelltest 4, Schreiben Teil 1

Hinweis: Die Reihenfolge der Inhaltspunkte wurde in dieser Musterlösung verändert. Wichtig ist nicht, dass man die Punkte aus der Aufgabenstellung nur thematisiert, sondern sie auch logisch miteinander verbindet, sodass ein kohärenter Text entsteht. Es gibt keinen Punktabzug, wenn Sie dabei die Reihenfolge verändern.

Deutschland ist schon lange ein Einwanderungsland **und** für viele Migrantinnen und Migranten stellt die deutsche Sprache eine besondere Hürde dar. Besonders bei Behördengängen verstehen viele oft nur wenig **und** sind auf einen Dolmetscher angewiesen. Wer schon einmal einen Brief von einer Behörde bekommen hat, weiß, **dass** diese komplizierten Satzkonstruktionen auch für Muttersprachler eine Herausforderung sein können. Es stellt sich daher die Frage, **ob** es sinnvoll wäre, Englisch als zweite Amtssprache in Deutschland einzuführen. **Sicherlich** würde es für viele Menschen eine große Erleichterung sein, **wenn** sie ihre Behördenkorrespondenz auf Englisch durchführen könnten. **Allerdings** würde das bedeuten, **dass** es für alle Beamten Voraussetzung wäre, fließend Englisch zu beherrschen. Meiner Meinung nach gibt es **jedoch** wichtigere Kriterien, **die** Angestellte in Behörden mit Publikumsverkehr beherrschen sollten. **Neben** den Inhalten der Arbeit und der Gesetze müssen diese Angestellten auch höflich, hilfsbereit **und vor allem** verständnisvoll im Umgang mit Menschen und ihren Anliegen sein. **Wenn** diese Voraussetzungen erfüllt werden, **dann** lässt sich auch das Sprachproblem lösen, **denn** es sollte ja auch das Ziel der eingewanderten Personen sein, sich zu integrieren. **Da** spielt die Beherrschung der Landessprache eine ausschlaggebende Rolle. **Nicht nur** die Immigrantinnen und Immigranten fühlen sich schneller mit dem Land verbunden, **wenn** sie die Landessprache sprechen, **auch** die einheimische Bevölkerung ist oft viel toleranter den Menschen gegenüber, **die** versuchen, die Zielsprache zu erlernen. Die Einführung von Englisch als zweite Amtssprache könnte in dieser Hinsicht **also** ein falsches Signal aussenden. **Vielmehr** sollte es kostenlose Möglichkeiten geben, **bei denen** die Menschen die Landessprache lernen können **und auch** in der Schule sollten Fremdsprachen bereits ab den unteren Klassenstufen von kompetenten Lehrkräften unterrichtet werden.

Modelltest 4, Schreiben Teil 2

Sehr geehrte Frau Marek,

heute hat mich Ihre E-Mail wegen meiner Verspätung letzte Woche erreicht. Natürlich haben Sie recht, **wenn** Sie betonen, **wie** wichtig ein pünktliches Erscheinen am Arbeitsplatz ist. **Leider** war meine Tochter unerwartet krank geworden und die Babysitterin konnte erst um 9 Uhr bei uns sein. Ich hätte Sie über mein Zuspätkommen informieren müssen, dafür möchte ich mich entschuldigen, **denn** in dem morgendlichen Stress habe ich das einfach vergessen. Ich denke jedoch, **dass** eine schriftliche Abmahnung Ihrerseits deswegen etwas übertrieben ist. **Schließlich** arbeite ich seit vielen Jahren hier **und** bin stets zuverlässig und pünktlich. Sollte es, **was** ich nicht hoffe, noch einmal zu einer Verspätung kommen, werde ich Sie direkt informieren und vielleicht könnten Sie vor dem Verfassen einer E-Mail das Gespräch mit mir direkt suchen.

Mit freundlichen Grüßen
Halka Tschipoura

Modelltest 4, Sprechen Teil 1 – Thema 2

Stichpunkte zum Thema *Sind Atomkraftwerke zeitgemäß?*

In der Aufgabenstellung heißt es, dass Sie dafür *oder* dagegen argumentieren sollen, also klar für eine Seite Stellung beziehen sollen. Ihre Position sollte als „Roter Faden" im Vortrag zu erkennen sein. Konträre Argumente zur eigenen Position können aber angeführt werden, um die eigene Argumentation zu untermauern oder logisch zu entwickeln.

Pro:
- Kernkraft ist klimafreundlich, da sie kaum Treibhausgase verursacht und Atomkraftwerke eine sehr lange Laufzeit haben. Der Rohstoff Uran wird in verhältnismäßig geringen Mengen benötigt.
- Wie das Beispiel Frankreich zeigt, kann auch der Atommüll wiederverwertet werden und Atomstrom aus recyceltem Atommüll produziert werden.
- Da es bereits Atomkraftwerke gibt, sollten diese auch weiterhin betrieben werden.

Kontra:
- Atomkraftwerke sind gefährlich, das haben bereits Unfälle in vergangener Zeit deutlich bewiesen. Nicht nur durch Naturkatastrophen wie Erdbeben und Tsunamis kann es wie in Fukushima 2011 zu einem GAU (größter anzunehmender Unfall) kommen, sondern auch durch menschliches Versagen wie in Tschernobyl 1986.
- Atomkraftwerke produzieren radioaktiven Abfall, der gelagert werden muss. Auch hier kann es zu Unfällen kommen, aber davor steht die Frage: Wohin mit dem ganzen Müll? Niemand möchte seine Kinder in der Nähe eines End- oder Zwischenlagers aufwachsen sehen.
- Atomkraftwerke können anders als Kohlekraftwerke nicht nach Bedarf reguliert werden, das heißt, es kann sowohl zur Überproduktion kommen als auch zu Engpässen.

Alternativen:
- Erneuerbare Energiequellen wie Sonne, Wind und Wasser, Biomasse.
- Fossile Brennstoffe wie Erdgas und Erdöl.
- Insgesamt den Energiebedarf reduzieren.

Modelltest 4, Sprechen Teil 2

Stichpunkte zum Thema *Sinkende Spendenbereitschaft*

Argumente für/gegen Spenden	
Pro	**Kontra**
→ Mit meiner Spende kann ich genau diejenigen Organisationen unterstützen, die Ziele verfolgen, die mir am Herzen liegen.	→ Oft vereinnahmen Organisation und Verwaltung einen Teil des Spendenbetrags, daher kommt er nicht vollständig in den förderwürdigen Projekten an.
→ Wenn ich spende, habe ich das Gefühl, zumindest ein wenig „Gutes" getan zu haben. Oft geht das ja sonst im Alltagsstress unter.	→ Teilweise werden Projekte unterstützt, die ich nicht für förderwürdig halte.
→ Ich kann meine Spende steuerlich absetzen. Das reduziert mein steuerpflichtiges Einkommen.	→ Manche Spendenorganisationen setzen mich mit besonders emotionalen Berichten oder Bildern unter Druck. Das ist unangenehm!
→ Ohne Spenden könnten die meisten Hilfsorganisationen nicht arbeiten. Und sie tun viel Gutes auf dieser Welt.	→ Es gibt gelegentlich Berichte darüber, dass es bei NGOs zu Korruption und Selbstbedienung kommt. Das ist verwerflich, da es alle Spenden-Organisationen in Misskredit bringt.
→ Es ist wichtig, dass es außer staatlicher Hilfe auch private Hilfsorganisationen gibt.	

Modelltest 1

1 Teil 1

Sie hören einen Podcast über neue Bücher.
Sie hören den Text einmal. Wählen Sie bei jeder Aufgabe, zu welchem Buch die Aussage passt. Lesen Sie jetzt die Aufgaben 1 bis 6. Dazu haben Sie 60 Sekunden Zeit.

Liebe Hörerinnen und Hörer, in meinem heutigen Podcast Bücherzeit, geht es um drei Neuauflagen mit dem gemeinsamen Thema *Der Wald*. Für die beiden Sachbücher haben Wissenschaftler ihre Daten aktualisiert und auch der Roman, den ich euch heute vorstellen möchte, ist aktueller denn je.
Beginnen wir also mit dem Roman „Ein Alien im Wald" von Chris Glättler. Hier beschreibt der Autor, wie er sich als eingefleischter Stadtmensch jedes Wochenende in den Thüringer Wald zurückzieht, um sich dort in einer einsamen Hütte wegen einer enttäuschten Liebe selbst zu bemitleiden. Zunächst kann er kaum Dachs von Waschbär unterscheiden, ganz zu schweigen von den vielen Baumarten, die ihn umgeben. Mit der Zeit lernt er mithilfe seines neuen Freundes, dem mürrischen Aussteiger Paul, die verschiedenen Tier- und Pflanzenarten kennen. Seine Wahrnehmung der Natur verändert sich und aus einem einstigen Leugner des Klimawandels wird ein ganz passabler Naturschützer (3), der sich auch mal mit Ignoranten aus der Stadt anlegt. Sehr zur Freude von Paul, waren dieser Freundschaft doch zu Beginn einige Stolpersteine in den Weg gelegt (6). Amüsant zu lesen und mit einer Menge Selbstironie gespickt.
Als Nächstes möchte ich euch das Sachbuch „Wald der Zukunft" von Mansali Jawara vorstellen. Die seit Jahrzehnten zu beobachtenden steigenden Temperaturen haben dazu geführt, dass zahlreiche Pflanzen und Tiere zu den jeweiligen Polen der Erde wandern oder sich in tiefere Gewässer zurückziehen. Das könnte das Kollabieren natürlicher Zyklen nach sich ziehen (2). Die Biologin Jawara zeigt beispielsweise anschaulich, was passiert, wenn Zugvögel an ihrem Standort bleiben, aber im Winter kein Futter mehr finden können. Gleichzeitig erfährt man aber auch, dass die Natur recht robust ist und sich durchaus anpassen kann, wie frühere Klimaveränderungen gezeigt haben. Entwarnung gibt die Autorin aber dennoch nicht: Damit wir die existenzbedrohenden Folgen des Klimawandels begrenzen können (4), müssen wir über das Verhalten von Lebewesen genau Bescheid wissen. Eine spannende und lehrreiche Lektüre, die ich wärmstens empfehlen kann.
Das letzte von mir ausgesuchte Sachbuch „Quo vadis, Wald?" von Amelie Lennartz beschreibt den Wald als Ökosystem. Die meisten Leser werden überrascht davon sein, inwieweit der Klimawandel schon heute in die Natur eingegriffen hat. Die Autorin erklärt, wie der Wald den Wasserkreislauf reguliert, der Atmosphäre Kohlendioxyd entzieht und der Umwelt – und somit auch dem Menschen – Sauerstoff und Nahrung liefert (1). Doch gerade der Mensch macht dem Wald den Garaus: Verheerende Waldbrände, von der Industrie geförderte, rücksichtslose Rodungen und falsche Agrarökonomie führen zur Vernichtung des Waldes (5). Der Leser erfährt mithilfe von Zahlen und Grafiken, wie es heute weltweit um die Wälder steht. Wer hier auf ein Buch hofft, das den Wald verklärt oder romantisiert, wird enttäuscht sein. Dennoch liest es sich wie ein Roman und zeitweise hat man den Eindruck tatsächlich im Wald zu sein.
Ich hoffe, ich konnte euch für mindestens ein Buch begeistern. Vielen Dank, dass ihr eingeschaltet habt.

2 Teil 2

Sie hören ein Radiointerview mit einer Persönlichkeit aus der Wissenschaft.
Sie hören den Text zweimal. Wählen Sie bei jeder Aufgabe die richtige Lösung. Lesen Sie jetzt die Aufgaben 7 bis 15.
Dazu haben Sie 60 Sekunden Zeit.

Zu Aufgabe 9 gibt es keine Unterstreichung im Transkript, da es nicht stimmt.

Moderator: Herzlich willkommen zu unserer Wissenschaftssendung „Wissen für jedermann". Frau Lale Avar, ich begrüße Sie ganz herzlich in unserer Sendung.

Frau Avar: Guten Tag.

Moderator: Frau Avar, Sie sind Psychologin, unterrichten an der hiesigen Universität und beschäftigen sich vor allem mit dem Thema *Was ist Intelligenz?*.

Frau Avar: Ja, richtig. Wobei es uns nicht auf eine Definition von Intelligenz ankommt (7), was sich in der Praxis als sehr schwierig gestaltet, sondern auf die verschiedenen Arten der Intelligenz. Bei deren Erforschung helfen uns *auch* Intelligenztests, die uns die Unterschiede in den Denkweisen von Personen zeigen.

Moderator: Ist denn jemand, der ein gutes Zahlenverständnis hat, nicht besonders intelligent?

Frau Avar: *Besonders* intelligent, ja, im Sinne von einer besonderen Intelligenz. Aber er ist nicht unbedingt *intelligenter* als beispielsweise ein musisch veranlagter Mensch. Intelligenz lässt sich nicht nur an der Fähigkeit festmachen, wie schnell man logische Zusammenhänge erfasst (8).

Moderator: Sondern?

Frau Avar: Na, beispielsweise auch daran, wie stark rhetorische Fähigkeiten ausgeprägt sind, also die sprachliche Intelligenz, oder die interpersonelle Intelligenz oder die Wahrnehmung der Natur, die kinästhetische Intelligenz usw. Diese Arten schlummern in einem jeden von uns. Nur sind sie unterschiedlich stark ausgeprägt und ergeben erst in ihrem Zusammenspiel ein vollständiges Bild der Persönlichkeit eines Menschen (10).

Moderator: Ja, aber gehören denn sprachliche, musische, empathische Begabungen usw. nicht eher zu Soft Skills, die man sich durch Lernen, Üben und Erfahrung auch aneignen kann, die einem also nicht unbedingt in die Wiege gelegt wurden?

Frau Avar: Natürlich kann man durch Fleiß und Üben seine Fähigkeiten ausbauen. Aber dennoch spielen die Gene eine nicht zu unterschätzende Rolle. Es ist eine Wechselwirkung, denn was nützt einem Kind sein musikalisches

	Talent, wenn es in einer Umgebung aufwächst, wo Musik kaum eine Rolle spielt?! Es muss natürlich gefördert und motiviert werden. Aber darüber streitet ja die Wissenschaft schon seit der der Antike: Welchen Stellenwert genießt das angeborene Talent und welche Rolle spielt die Umgebung (11), in die das Kind hineingeboren wird?
Moderator:	Kann man Intelligenz eigentlich am Gesicht ablesen?
Frau Avar:	Auch dazu haben wir Experimente durchgeführt. Wir haben Studierenden Fotos von Männern und Frauen vorgelegt und die Probandinnen und Probanden mussten angeben, wen sie für intelligent hielten. Erstaunlicherweise stimmten Wahrnehmung und gemessene Intelligenz vor allem bei den Fotos von Männern überein. Bei Frauen gestaltete sich das schwieriger. Hier gab es kaum richtige Einschätzungen (12).
Moderator:	Gibt es bestimmte Merkmale im Gesicht, die ein Indiz für Intelligenz sind?
Frau Avar:	Die gibt es schon. Aber ein längliches Gesicht allein oder eine bestimmte Nasenform reichen nicht aus, um jemanden als intelligent oder weniger intelligent einzuschätzen. Bemerkenswert ist aber, dass jemand für intelligenter gehalten wird, wenn er lächelt oder andere positive Gefühle zeigt (13). Aber Vorsicht: Es wäre vermessen zu behaupten, dass jemand, der intelligent aussieht, es auch zwangsläufig ist.
Moderator:	Welche Rolle spielt denn bei diesen Wahrnehmungen die Attraktivität eines Menschen?
Frau Avar:	Ja, das ist ja so ein Mythos, dass attraktive Menschen klüger seien. Sie sind nicht unbedingt klüger, werden aber von ihren Mitmenschen oft als klüger eingeschätzt. Angeblich haben sie dann im Leben mehr Vorteile, beispielsweise bei Bewerbungen, oder bei der Partnerwahl. Nach dem Motto: Wer intelligent ist, kommt weiter (14). Aber schauen Sie sich doch um! Sind denn Führungskräfte tatsächlich intelligenter oder attraktiver als ihre Mitarbeitenden? Ich denke vielmehr, dass Vorgesetzte bestimmte Fähigkeiten aufweisen, die sie für diesen Posten eher qualifizieren: Fachwissen, Ausstrahlung, Durchsetzungsvermögen usw. Und auch Erfahrung, vor allem bei älteren Vorgesetzten.
Moderator:	Man sagt ja immer: Im Alter wird der Mensch klüger. Kann man denn seine Intelligenz im Laufe des Lebens verbessern?
Frau Avar:	Na ja, man lernt ja viel im Leben dazu und wir sind auch im hohen Alter noch lernfähig. Logikaufgaben können auch von älteren Menschen locker gelöst werden. Da sich unser Gehirn und damit auch unser Gedächtnis ein Leben lang verändern, kommt es im Alter allerdings zu einem Leistungsabbau, der vor allem die Geschwindigkeit beim Lösen von Problemen betrifft. Also kommt die Klugheit aus der Erfahrung und nicht aus der Verbesserung des Intelligenzquotienten (15). Vielleicht zum Schluss noch ein Tipp: Ausdauersportarten fördern das Denkvermögen und die Merkfähigkeit, denn es wird die Bildung neuer Blutgefäße und Nervenzellenverbindungen angeregt.
Moderator:	Frau Avar, vielen Dank für das Gespräch.

3 Teil 3

Sie hören ein Gespräch mit mehreren Personen über Eignungstests während der Bewerbungsphase.
Sie hören den Text in vier Abschnitten jeweils einmal. Zu jedem Abschnitt gibt es zwei Aufgaben. Wählen Sie bei jeder Aufgabe die richtige Lösung. Vor dem Hören eines Abschnitts haben Sie 30 Sekunden die zwei, um die zwei Aufgaben zu lesen.

Abschnitt 1	Lesen Sie jetzt die Aufgaben 16 und 17.
Moderatorin:	Willkommen in unserer Sendung „Bewerbung – leicht gemacht". Heute wollen wir uns mit der Frage beschäftigen, inwieweit Eignungstests während der Bewerbungsphase gerechtfertigt sind und was man dabei beachten sollte. Zu unserem Gespräch begrüße ich Frau Sthabile Kurth, externe Personalberaterin bei diversen Unternehmen, und Herrn Anton Werner, Betreiber der Webseite *deinekarriere.de*.
Frau Kurth:	Guten Tag!
Herr Werner:	Hallo!
Moderatorin:	Frau Kurth, es gibt zahlreiche nachvollziehbare Argumente für die Durchführung von Eignungstests. Sind diese Eignungstests aber tatsächlich aussagekräftig?
Frau Kurth:	Es ist in der Tat so, dass in der Praxis oft eine professionelle Durchführung und Auswertung dieser Tests nicht gewährleistet ist (16). Menschen sind ja keine Maschinen und so kann man viele Eigenschaften wie Lernfähigkeit oder Sensibilität nur schwer testen. Jemand, der den Eignungstest bestanden hat, muss nicht zwangsläufig die geeignete Person sein.
Moderatorin:	Herr Werner, was meinen Sie dazu?
Herr Werner:	Eignungstests spiegeln nicht das gesamte Spektrum an Fertigkeiten und Fähigkeiten der Testperson wider (17). Die Testergebnisse entspringen einer Momentaufnahme, in der die Kandidatin oder der Kandidat vielleicht Stress oder sogar Angst hatte. Dieses Gefühl kann noch durch unzulässige Fragen, die die Privatsphäre der Testperson betreffen, verschärft werden.
Abschnitt 2	Lesen Sie jetzt die Aufgaben 18 und 19.
Moderatorin:	Frau Kurth, sollte man denn auf Eignungstests ganz verzichten?
Frau Kurth:	Mir ist kein besseres Verfahren bekannt. Unzulässige Fragen, die Herr Werner anspricht, basieren oft auf Tests, die die Unternehmen selbst entworfen haben. Hier sollten unbedingt Personalpsychologinnen und -psychologen zu Rate gezogen werden, die eine kompetente Anleitung und Auswertung der Testverfahren garantieren. Außerdem sollten die Bewerberinnen und Bewerber im Vorfeld trainieren, wie sie mit peinlichen Fragen in Eignungstests umgehen können, beispielsweise: Wie antworte ich auf unzulässige Fragen (18), ohne Arbeitgebende vor den Kopf zu stoßen und mir dabei selbst zu schaden? Hier hat man laut Gesetz sogar das Recht auf Notlüge.
Herr Werner:	Vergessen wir nicht, dass Testverfahren auch rechtlichen Vorgaben entsprechen müssen, z. B. dem Allgemeinen Gleichstellungsgesetz. Es gibt auch Qualitätsstandards, die speziell von Psychologinnen und

Psychologen entwickelt wurden. An diese sind die Unternehmen jedoch nicht rechtlich gebunden, sodass sie in der Praxis häufig umgangen werden (19).

Abschnitt 3 Lesen Sie jetzt die Aufgaben 20 und 21.

Moderatorin: Da haben Sie eine Menge kritischer Punkte zu Eignungstests angesprochen. Hat das alles denn noch einen Sinn, auch wenn Sie, Frau Kurth, kein besseres Verfahren kennen?

Frau Kurth: Also, man muss ganz klar sagen: Mittels Eignungstests können Leitende der Personalabteilung Entscheidungen treffen, die rationaler und gerechter sind. Es liegt eine bessere Vergleichsmöglichkeit zwischen den Kandidatinnen und Kandidaten vor. Außerdem besteht für sie so Chancengleichheit, denn alle müssen den gleichen Test absolvieren (20).

Herr Werner: Wenn ich noch etwas hinzufügen darf: Oftmals findet die Kandidatin oder der Kandidat während dieses Tests selbst heraus, ob sie oder er für die Stelle geeignet ist (21). Beispielsweise könnte die Stressresistenz oder Entscheidungskompetenz eine Herausforderung sein, der die Person nicht gewachsen ist. Vielleicht ist sie über- oder unterfordert.

Abschnitt 4 Lesen Sie jetzt die Aufgaben 22 und 23.

Moderatorin: Da wir gerade das Thema aus der Perspektive der arbeitsuchenden Person betrachten: Wie kann man sich denn nun gut vorbereiten?

Herr Werner: Vielen ist nicht bewusst, dass man sich auch Soft Skills aneignen und diese ausbauen kann. Es ist wichtig, darüber Bescheid zu wissen, was das Unternehmen von einem erwartet, welche Schlüsselkompetenzen wichtig sind und über welche man tatsächlich verfügt. Eine ehrliche und kritische Selbsteinschätzung kann man mithilfe einer Potenzialanalyse erreichen.

Moderatorin: Was genau ist das?

Herr Werner: Potenzialanalysen sind meist strukturierte Fragebögen, mit deren Hilfe herausgefunden werden soll, welche Fähigkeiten man besitzt, um zukünftige Tätigkeiten meistern zu können. Eine andere Möglichkeit wäre auch, Freunde und Kollegen zu fragen, welche Fähigkeiten man noch verbessern könnte. Vielleicht sagt einem ja der Freund, dass man sich schlecht in andere hineinversetzen kann. Dann kann man diese Kompetenz trainieren, indem man aktiv anderen zuhört, auf die Körpersprache achtet und gezielt Fragen an die Person stellt und sich Grundwissen zu Kommunikationsregeln aneignet (22). Am besten ist es, man erstellt für sich eine Liste mit ausbaufähigen Soft Skills und sucht Mittel und Wege, diese zu trainieren.

Frau Kurth: Vielleicht noch ein Wort zu den Kandidatinnen und Kandidaten, auf die ein psychologischer Personaltest zukommt. Diese sollten darauf achten, dass sie diesem vorher zugestimmt haben. Im Vorfeld sollten sie sich erkundigen, welche Daten genau ermittelt werden sollen. Sie haben ein Recht darauf. Außerdem darf dieser Test nur von Fachpersonal durchgeführt werden. Und egal, ob man eingestellt wurde oder nicht: Man hat Anspruch auf die Herausgabe der Ergebnisse des psychologischen Personaltests (23). Jede Testperson hat außerdem das Recht seine Einwilligung in die Datenverarbeitung jederzeit zu widerrufen. Und im Zuge dieses Widerrufes kann man zudem die Löschung seiner personenbezogenen Daten verlangen.

Moderatorin: Frau Kurth und Herr Werner, vielen Dank für das Gespräch. Und Sie, liebe Zuhörerinnen und Zuhörer, haben nun noch die Möglichkeit unseren Chatroom zu nutzen, wo Ihnen Frau Kurth und Herr Werner für weitere Fragen zur Verfügung stehen.

4

Teil 4

Sie hören einen Vortrag über den Einfluss der Farben auf den Menschen und die Gesellschaft.
Sie hören den Text zweimal. Wählen Sie bei jeder Aufgabe die richtige Lösung. Lesen Sie jetzt die Aufgaben 24 bis 30. Dazu haben Sie 90 Sekunden Zeit.

Sehr geehrte Damen und Herren, ich begrüße Sie zu meinem Vortrag!
Ich möchte Ihnen gerne einen Einblick in die Welt der Farben, deren Geschichte und Einfluss auf unsere Gesellschaft vermitteln. Bereits im Kindesalter entscheiden Farben darüber, ob uns etwas schmeckt, ob es uns gefällt oder ob wir vor etwas zurückschrecken. Schon unsere Vorfahren konnten sich dem Einfluss der Farben nicht entziehen. Wir werden auch heute noch praktisch fremdgesteuert, denn hinter den Farben verbirgt sich ein evolutionärer Code (24), der über Leben und Tod entscheiden kann.
Beispielsweise signalisiert die Farbe Rot in der Natur, dass etwas reif oder süß ist oder auch, dass etwas giftig ist. Rot ist also eine starke Signalfarbe, vor allem in westlichen Kulturen, die man auch mit Aggression in Verbindung bringt. Würden Sie das Kinderzimmer rot streichen? Wohl eher nicht. In buddhistischen Tempeln hingegen ist Rot oft die dominierende Farbe. Wer kennt sie nicht, die tibetanischen Mönche, die sich in ihren roten Gewändern in rot gestrichenen Räumen in tiefste Ruhe und Meditation versenken? Der Mensch assoziiert Farben also abhängig von seiner Erfahrung und seiner Denkstruktur (25).
Farben sind ja eigentlich nur eine Illusion, denn sie entstehen mit der Brechung des Lichts. Nun hat aber der Mensch die Neigung, diese wunderschöne Illusion auch in sein Leben zu holen. Also bemalt er schon seit Urzeiten seinen Körper, um sich eine individuelle Note zu geben oder seine Zugehörigkeit zu einer bestimmten Gruppe zu signalisieren (26). Übrigens sind Grün und Rot die ältesten Farben der Welt. Grün entstand mit dem Auftreten erster Pflanzen und Rot später mit dem Auftreten von Früchten.
Mit der Farbe Rot wurden über Jahrtausende hinweg Herrschaftsansprüche untermalt, bis es im 19. Jahrhundert zum Sinnbild sozialer Aufstände der Unterprivilegierten wurde (27). Dieser Umschwung war auch den neuen Produktionsformen geschuldet: Der rote Farbstoff war nicht mehr länger einer langwierigen Gewinnung unterworfen, sondern er konnte nun für die breite Masse erschwinglich hergestellt werden. Wir alle kennen Rot in der Fahne der Arbeiterbewegung. Rot wurde zum politischen Kalkül: Um die Arbeiter für die eigene Partei zu begeistern, erscheint Rot von nun an auf vielen Fahnen verschiedenster – oft auch konträrer – Parteien.
Umso erstaunlicher ist es, dass zehn Prozent der Männer eine Rot-Grün-Blindheit haben, aber nicht einmal ein Prozent

der Frauen, was sich vielleicht aus der Evolution heraus erklären lässt. Frauen können nämlich auch mehr Farbnuancen wahrnehmen als Männer (28), was möglicherweise darauf zurückzuführen ist, dass Frauen in Urzeiten für die Nahrungssuche, also das Sammeln von Beeren und Früchten, verantwortlich waren. Sie konnten schon von Weitem entscheiden, ob eine Pflanze oder deren Frucht zum Verzehr geeignet war, ohne sie erst probieren zu müssen.
Wenden wir uns nun einer anderen Farbe zu: dem Blau. Blau wurde erst vor ca. 9000 Jahren im heutigen Afghanistan entdeckt, das sogenannte Lapislazuli. Zunächst vor allem den ägyptischen Königinnen und Königen für Schmuck vorbehalten, weckte das blaue Gestein bald in der gesamten damals bekannten Welt Begehrlichkeiten – von Asien über Nordafrika bis hin zur Nordsee – und wurde annähernd so wertvoll wie Gold. Die Lapislazulistraße ist übrigens der Vorläufer der heute so berühmten Seidenstraße und öffnete neue Wege zum beginnenden weltweiten Handel (29).
Blau ist die Lieblingsfarbe der meisten Menschen auf der ganzen Welt, verbindet man doch diese Farbe mit dem unendlichen Himmel und dem weiten Meer, deren Blau unfassbar ist, im wahrsten Sinne des Wortes. Blau wird auch in der Werbebranche sehr gern eingesetzt; so sind Logos von Banken, Versicherungen oder sozialen Netzwerken in Blau gehalten, um Vertrauen und Treue zu suggerieren (30).
Sie sehen also, Farben beeinflussen unser gesellschaftliches Leben enorm.
Ich bedanke mich für Ihre Aufmerksamkeit!

Modelltest 2

7 Teil 1

Sie hören einen Podcast über neue Kinofilme.
Sie hören den Text einmal. Wählen Sie bei jeder Aufgabe, zu welchem Film die Aussage passt. Lesen Sie jetzt die Aufgaben 1 bis 6. Dazu haben Sie 60 Sekunden Zeit.

Herzlich willkommen zu meinem Podcast *Kinozeit*. Heute möchte ich euch drei neue Filme aus dem deutschsprachigen Raum vorstellen:
Da wäre zuerst die Komödie „Alles, was recht ist" aus deutscher Produktion. Drei Personen, die gegen eine Abholzung des nahen Waldes protestiert haben sollen, stehen vor Gericht. Ihnen drohen bis zu fünf Jahren Haft. Bereits in den ersten Szenen erfahren die Zuschauer, dass das Urteil im bevorstehenden Prozess eigentlich bereits feststeht. Der Witz dabei ist, dass die Angeklagten gar keine Umweltschützer sind, sondern ihnen der Klimawandel herzlich egal ist. Dabei werden die tatsächlichen Ereignisse jedoch so zurechtgebogen, dass man passende Gesetze findet (0) und erfindet, um es am Ende zu einer Verurteilung kommen zu lassen. Obwohl es sich um eine Verwechslungskomödie handelt, wird ein ernster Blick auf korrupte Rechtssysteme gelenkt (4). Dem Regisseur Arnold Fischer ging es bei der Produktion dieses Films weniger um einen wirtschaftlichen Erfolg als um einen prestigeträchtigen Film im Fach Komödie. Sicherlich darf er – nicht umsonst – auf die eine oder andere Auszeichnung hoffen (6).
Beim zweiten Film, den ich euch vorstellen möchte, hatte ich bei dem Titel „Wien ruft" zunächst vermutet, dass es sich um eine österreichische Komödie handelt. In Wirklichkeit war es ein tiefgründiger Film über die Nöte eines jungen Mannes, der sich in Wien zurechtfinden muss. Max ist 18 und voller Tatendrang und Träume, als er sein Dorf verlässt. Er ist davon überzeugt, ein großer Star in der Musikszene zu werden. Doch die Wirklichkeit holt ihn schnell ein (1). Der Film beginnt im Dorf des jungen Mannes mit recht heiteren Szenen, die vermuten lassen, dass man ins Unterhaltungskino entführt wird. Doch weit gefehlt: Nachdem Max in Wien ankommt, schwenkt die Regisseurin ins Tragische (5). Dennoch bekommt auch Max seine Chance und erkennt am Ende, dass die ihm unbekannte Welt voller neuer Möglichkeiten steckt. Zu Füßen liegt sie ihm allerdings nicht. Durch die ständigen Hochs und Tiefs, die Max durchleben muss, bleibt der Film bis zum Schluss spannend.
Der dritte Film, der aus der Schweiz kommt, heißt „Alter schützt vor Toren nicht" und ist wieder eine Komödie. Hier geht es um ein charmantes, allerdings auch sehr naives Paar, das gerade frisch verliebt ist, auch wenn die beiden selbst nicht mehr ganz so frisch sind. Verkörpert werden sie von Alexandra Heilemann und Marco Rufibach, eine Auswahl, mit der Regisseur Eric Hofmann ein glückliches Händchen bewiesen hat. Auch die Nebendarsteller machen einen guten Job (2). Als Nachbarn, Verwandte und Freunde müssen sie dem Paar natürlich dazwischenfunken. Einiges ist in diesem Film überzogen, aber es handelt sich ja schließlich um eine Komödie mit allen Irrungen und Wirrungen der Liebe. Dennoch ist der Film keine reine Blödelei, sondern fein mit Schweizerischem Humor und hintergründiger Kritik und Selbstkritik gespickt (3). Und damit verabschiede ich mich für heute von euch. Danke für´s Einschalten.

8 Teil 2

Sie hören ein Radiointerview mit einer Persönlichkeit aus der Wissenschaft.
Sie hören den Text zweimal. Wählen Sie bei jeder Aufgabe die richtige Lösung. Lesen Sie jetzt die Aufgaben 7 bis 15. Dazu haben Sie 60 Sekunden Zeit.

zu Aufgabe 8 gibt es keine Unterstreichung im Transkript, da es nicht stimmt
zu Aufgabe 13 gibt es keine Unterstreichung im Transkript, da dazu nichts gesagt wird.

Moderator: Herzlich willkommen zu unserer Sendung *Angstfach Mathe*. Dazu begrüße ich heute Professorin Franciska Friedrich, Mathematikerin an der Universität Jena.

Frau Friedrich: Guten Tag.

Moderator: Sie haben eine spannende Sendung im Fernsehen moderiert, und zwar zum Thema *Mathematik*, um dieses doch recht unbeliebte Fach den Menschen näherzubringen.

Frau Friedrich: Richtig. Wobei ich sagen muss, dass die Menschen Mathematik entweder lieben und schon fast verehren oder als notwendiges Übel betrachten. Letzteres liegt vor allem daran, dass dieses Fach leider viel zu häufig langweilig, abstrakt und ohne jeglichen Bezug zur Realität gelehrt wird (7).

Moderator: Kann da vielleicht der Digitalunterricht helfen?

Frau Friedrich: Wenn ich mir am Bildschirm ansehen kann, wie Mathematik auf die Natur anwendbar ist, wenn ich verstehe, wo uns komplizierte Gleichungen im Alltag begegnen können, dann bekomme ich einen anderen Zugang zur Mathematik. Ich befürworte allerdings nicht, dass man Mathematik nur noch digital und mit Bildern oder Filmen lehrt. Die Lehrkraft kann durch Computeranimationen nicht ersetzt werden.

Moderator: Mathematiklehrer zu werden, ist ja nur für wenige ein Traumberuf.

Frau Friedrich: Ich glaube, dass dieses Problem in der Anerkennung des Lehrerberufs schlechthin liegt. Ich meine damit nicht die Eltern oder Schülerinnen und Schüler. Es erfolgt seitens der Politik keine adäquate finanzielle Würdigung (9). Das kann auch den leidenschaftlichsten Mathefreak davon abschrecken, Lehrer zu werden.

Moderator: Man sieht ja immer wieder, dass Grundschülerinnen und -schüler weniger oder gar keine Angst vor Mathe haben, während sich das dann meist ab der neunten Klasse ändert. Wie erklären Sie sich das?

Frau Friedrich: In den unteren Klassenstufen habe ich noch nie erlebt, dass die Kinder Angst vor Mathe haben. Sie gehen mit Neugier, Spaß und viel Motivation an den Unterricht heran. Später steigt der Abstraktionsgehalt in diesen Fächern (10) und da resignieren einfach viele Kinder bzw. Teenager, weil sie denken, dass sie dieses Verständnis nicht mehr erwerben können. Das hat mit ihren tatsächlichen Fähigkeiten meistens wenig zu tun.

Moderator: Hmm …(*zustimmend*) Und die Schule selbst? Wo ist da das Problem?

Frau Friedrich: Wir haben eigentlich zu wenig Unterrichtszeit im Vergleich zu der Fülle der Lehrplanthemen in Mathematik, die ja unterrichtet werden müssen. Das führt dazu, dass man viele Themen zu schnell (11) und oberflächlich abhandelt.

Moderator: Bereiten denn die Bildungseinrichtungen angehende Mathelehrkräfte genügend auf den Beruf vor?

Frau Friedrich: Viele Studierende auf Lehramt haben in ihrer Schulzeit schon selbst erlebt, dass der Matheunterricht vor allem abstrakt durchgeführt wurde und sind damit gut zurechtgekommen. Denen müssen wir an unseren Unis beibringen, dass jeder anders lernt (12). Der eine ist über Experimente erreichbar, der andere über Abstraktion und wieder ein anderer über reale gesellschaftliche Fragestellungen, zum Beispiel der Vorausberechnung des Klimas.

Moderator: Sie betonen ja immer wieder, mathematische Inhalte mit realen Phänomenen in Verbindung zu bringen. Haben Sie ein Beispiel dafür parat?

Frau Friedrich: Ich denke da an das berühmte Schachbrett. Legt man auf das erste Quadrat eines Schachbretts ein Weizenkorn, auf das nächste die doppelte Menge, auf das darauffolgende die doppelte Menge des vorhergehenden usw. bräuchte man am Ende ungefähr 730 Mrd. Tonnen Weizen. Das entspricht etwa dem Tausendfachen der weltweiten Weizenernte eines Jahres. Und für die Ausführung des Projekts bräuchte man 585 Milliarden Jahre. Besser kann man Potenzrechnung nicht veranschaulichen.

Moderator: Interessant. Nun haben ja nicht alle Schülerinnen und Schüler das gleiche Lernniveau …

Frau Friedrich: Genau da kann uns die Digitalisierung im Unterricht weiterhelfen. Die Lernenden sollten im Unterricht ein gemeinsames Grundprogramm absolvieren, so dass alle ein bestimmtes Level erreichen. Und die, die schneller und schon weiter im Verständnis sind, können am Computer ihrem Lerntempo individuell angepasste weiterführende Aufgaben lösen (14).

Moderator: Sie haben ja in Ihrer Sendung immer wieder den Bezug zwischen der Geschichte der Mathematik und der Praxis hergestellt.

Frau Friedrich: Ja, richtig. Das ist, wie gesagt, unglaublich wichtig. Ab einem bestimmten Alter sollte man den Kindern begreiflich machen, dass die Menschen nicht schon immer zählen konnten, dass das eine Entwicklungsstufe in der Menschheitsgeschichte ist, die dem Schreiben vorausging (15). Man sollte mit den Schülerinnen und Schülern raus aus dem Schulgebäude gehen und den Satz des Thales oder Pythagoras anwenden, indem sie beispielsweise die Höhe eines Turmes oder Baumes bestimmen sollen. So entsteht der Aha-Effekt und dann macht Mathe auch Spaß.

Moderator: Frau Friedrich, ich bedanke mich für das interessante Gespräch.

9

Teil 3

Sie hören ein Gespräch mit mehreren Personen über nachhaltiges Reisen.
Sie hören den Text in vier Abschnitten jeweils einmal. Zu jedem Abschnitt gibt es zwei Aufgaben. Wählen Sie bei jeder Aufgabe die richtige Lösung. Vor dem Hören eines Abschnitts haben Sie 30 Sekunden Zeit, um die zwei Aufgaben zu lesen.

Abschnitt 1 Lesen Sie jetzt die Aufgaben 16 und 17.

Moderatorin: Willkommen zu unserer Sendung „Nachhaltig reisen". Heute beschäftigen wir uns mit neuen Konzepten und mit der Frage, wie massentauglich sie sind. Zu unserem Gespräch begrüße ich Frau Heide Glauck, Tourismusforscherin und Herrn Nguyen Dung, Reisejournalist.

Frau Glauck: Guten Tag!

Herr Dung: Hallo!

Moderatorin: Frau Glauck, wie verbringen Sie Ihre Ferien?

Frau Glauck: Ich war im letzten Frühling an der Mecklenburgischen Seenplatte, einem Ort, den ich von meinem Wohnort Berlin mit dem Zug erreichen kann. Im Jahr zuvor war ich mit meiner Familie in Nordamerika. Durch den von uns verursachten hohen CO_2-Ausstoß auf dieser Reise stehen in den nächsten Jahren nur noch Reiseziele an, die mit dem Zug erreichbar sind (16). Mein Motto lautet: Wenn schon fliegen, dann länger vor Ort bleiben und die Flugreisen in den nächsten Jahren einschränken.

Moderatorin: Herr Dung, was meinen Sie dazu?

Herr Dung: Dieses Verhalten ist in Deutschland leider die Ausnahme. Obwohl sich mehr als die Hälfte der Deutschen vornimmt, nachhaltig zu reisen, beobachten wir, dass der Prozentsatz der Touristen, die tatsächlich nachhaltig unterwegs sind, nur im einstelligen Bereich liegt (17). Ich gehe jedoch davon aus, dass das Interesse an einem verantwortungsvollen Tourismus weiter steigen wird, zudem wollen immer mehr Urlauber naturnahen Tourismus erleben.

Abschnitt 2 Lesen Sie jetzt die Aufgaben 18 und 19.
Moderatorin: Und wie reagieren die Reiseveranstalter auf diese veränderte Nachfrage?
Frau Glauck: Na ja im Moment ist es noch so, dass vor allem die großen Reiseveranstalter auf gewinnbringende Nachhaltigkeit setzen (18). Wenn man als Unternehmen beispielsweise Wasser spart, dann hat man logischerweise auch niedrigere Wasserrechnungen. Leider werden auch immer noch zu viele Fernreisen mit relativ kurzer Aufenthaltsdauer angeboten. Denn mehrere kurze Reisen sind für die Unternehmen einfach rentabler. Da muss es neue Standards geben, z. B. dass es für Langstreckenflüge eine Mindestaufenthaltsdauer gibt und Ferienflüge unter 800 Kilometern gar nicht erst angeboten werden.
Moderatorin: Wie wird denn das Reisen in ferner Zukunft aussehen?
Frau Glauck: Also, da gibt es schon einige klare Vorstellungen, wie zum Beispiel das nachhaltige Reisen in einer Vakuumröhre. Man würde dann von München nach Dublin nur eineinhalb Stunden benötigen. Das sind Zukunftsvisionen, wie sie von dem Schriftsteller Jules Verne stammen könnten. Viele seiner Ideen wurden ja in die Realität umgesetzt: die Raumfahrt oder die U-Boote. In den USA wird der Personenverkehr mit diesen Vakuumröhren gerade verschiedenen Tests unterzogen (19).

Abschnitt 3 Lesen Sie jetzt die Aufgaben 20 und 21.
Moderatorin: Herr Dung, wie sehen Sie das?
Herr Dung: Natürlich möchten die Menschen so schnell wie möglich an ihre Reiseziele kommen. Ich würde in diesem Zusammenhang dennoch eine andere Reisemöglichkeit erwähnen: Und zwar *Slow Travel*. Wenn man es sich zeitlich erlauben kann, dann sollte das Flugzeug nicht das Verkehrsmittel erster Wahl sein. Also, das heißt jetzt nicht, dass man nur per pedes oder per Anhalter zum Reiseziel kommt oder eine Fahrgemeinschaft nach Athen gründet. Warum fahren wir nicht mit dem Zug bis nach Istanbul oder mit dem Segelschiff (20) nach Amerika, wenn wir dann auch noch an Bord oder im Zug per Internet unsere Arbeit erledigen können? So verliert man weniger Urlaubstage, trotz langer Reise.
Frau Glauck: Selbst Kreuzfahrten könnten auch von ökologischer Seite gesehen wieder attraktiv werden. Es werden bereits Schiffe getestet, die mit Elektromotor oder Biotreibstoffen angetrieben werden (21), was jetzt schon zu 82 Prozent weniger CO_2-Emission führt. Die Anbieter von Kreuzfahrten wollen Plastik komplett von ihren bereits existierenden Schiffen verbannen. Die hohe Anzahl an Passagieren, die auf so einem Ozeanriesen transportiert werden können, ist dann eine echte Alternative zum Flugzeug.

Abschnitt 4 Lesen Sie jetzt die Aufgaben 22 und 23.
Moderatorin: Ein interessanter Ansatz. Herr Dung, Sie sprachen ja das Internet an. Welche Rolle wird die Digitalisierung in Zukunft außerdem spielen?
Herr Dung: Ja, da wird sich das Reisen sehr stark verändern, vor allem in den Bereichen Buchen und Reservieren von Touristenattraktionen. Man wird dann im Ausland nicht nur die typischen Museen oder Tempel kennenlernen, sondern auch interessante, jenseits vom Touristenstrom gelegene Orte erkunden können (22). Hier werden uns zahlreiche Apps die Angst vor ungewissen Situationen nehmen.
Moderatorin: Nun können sich ja nicht alle Menschen teure Reisen leisten. Welche Rolle wird denn da Virtual Reality spielen?
Herr Dung: Da kann man sich natürlich gemütlich vom Wohnzimmer aus auf Reisen begeben. Man setzt die Virtual-Reality-Brille auf und so kann man sich bereits vor der Buchung eines realen Urlaubs in den Bergen oder am Strand umsehen. Solche 360-Grad-Videos gibt es auch für viele berühmte Sehenswürdigkeiten. Sie ermöglichen z. B. durch das virtuell rekonstruierte Kolosseum zu spazieren, untermalt von der Stimme einer Historikerin oder eines Reiseführers, die bzw. der uns Erläuterungen gibt. Das steigert die Vorfreude und man bekommt vor Ort ganz andere Einblicke, weil man schon gut vorbereitet ist (23).
Moderatorin: Sehr geehrte Hörerinnen und Hörer, wir sind nun gespannt auf Ihre Fragen. Der Chatraum ist ab jetzt für Sie geöffnet.

10 Teil 4

Sie hören einen Vortrag über die Wechselbeziehung zwischen Kultur und Globalisierung.
Sie hören den Text zweimal. Wählen Sie bei jeder Aufgabe die richtige Lösung. Lesen Sie jetzt die Aufgaben 24 bis 30. Dazu haben Sie 90 Sekunden Zeit.

Sehr geehrte Damen und Herren, ich begrüße Sie zu meinem Vortrag!
Ich möchte Ihnen im Folgenden darstellen, welche Wechselwirkungen zwischen Globalisierung und Kultur bestehen. Die Globalisierung führt zu einer zunehmenden, weltweiten Verflechtung von Wirtschaft, Politik, Kultur, digitaler Kommunikation usw. Durch die Vernetzung von vielen, einzelnen Kulturen entsteht eine neu geformte Kultur, eine sogenannte Hyperkultur, bei der verschiedene Kulturen gleichzeitig und gleichberechtigt nebeneinander existieren und keine einzelne Kultur allein vorherrschend ist (24). Dabei werden Menschen sowohl von der eigenen als auch einer fremden Kultur beeinflusst.
Zur Kultur gehören u.a. die Bereiche *Ernährung, Wohnen, Kleidung, Reisen, Kommunikation* und *Unterhaltung*, die sich auch immer mehr internationalisieren.
Wie kaum andere global agierende Konzerne stehen vor allem die Fast-Food-Ketten für den Prozess der Globalisierung (25). Deshalb sind diese auch immer wieder Ziel von Globalisierungsgegnern und Verbraucherschützern. Dennoch sind diese Unternehmen ein Beispiel für kulturelle Konvergenz, denn sie passen ihre Produkte den kulturellen Gegebenheiten des

jeweiligen Landes an.
Ein anderes Beispiel dafür, wie Konzerne lokale Märkte und damit die Kultur beeinflussen können, sind die großen Kaffeehaus-Ketten. Deren Gewerkschaftspolitik und fehlende Steuermoral stießen immer wieder auf Kritik. Die finanziellen Vorteile, die durch das Nichtzahlen von Steuern (26) entstanden, ermöglichten es diesen Unternehmen, Bestlagen in den Städten zu belegen und andere einheimische Konkurrenten und deren Kaffeekultur auszuschalten. Allerdings muss man anerkennen, dass die großen Kaffeehaus-Ketten bemüht sind, fairen Kaffee einzukaufen, also soziale und umweltfreundliche Standards zu berücksichtigen.
Einen sehr großen Einfluss auf die Meinungs- und Stilbildung sowie auf die Verbreitung von Lebensweisen hat das Massenmedium Fernsehen. Hier werden global vor allem Unterhaltungssendungen gehandelt, die weltweit höchste Einschaltquoten verzeichnen. Gefördert wird die internationale Angleichung der Fernsehprogramme ganz klar auch von den Streamingdiensten, die es Zuschauerinnen und Zuschauern ermöglichen, Sendungen aus aller Welt zu sehen. Das bedroht die nationalen Medienmärkte und es besteht die Gefahr der Vereinheitlichung und Gleichschaltung von Kulturen (27).
Die Produkte der Unterhaltungsindustrie sind insbesondere bei Jugendlichen eine wichtige Orientierungsgrundlage bei der Bildung von Geschmack und Stil. Wenn wir den internationalen Musikmarkt betrachten, so beobachten wir hier, dass man die Globalplayer an einer Hand abzählen kann. Das bedeutet, dass nur noch wenige Unternehmen den internationalen Musikgeschmack und damit einhergehende Lebensvorstellungen bestimmen. Das hat wiederum zur Folge, dass das Bewusstsein für traditionelle Musik abnimmt oder sogar ganz getilgt wird. Da es fast ausschließlich um Gewinne geht, haben es unbekannte Künstlerinnen und Künstler schwer, auf dem Musikmarkt Fuß zu fassen (28). Die großen Musikunternehmen machen jedoch das illegale Herunterladen von Musik für dieses Phänomen verantwortlich.
Verlassen wir nun die Unterhaltungsindustrie und sehen wir uns die Globalisierung bei der Wohnkultur an. Durch die riesigen Möbelhändler, die weltweit agieren, kommt es auch in diesem Bereich zu einer Vereinheitlichung und Verdrängung traditioneller und individueller Wohnstile. Leider werden nicht an allen Standorten Arbeitnehmerrechte ausreichend gewahrt, ebenso wenig die Standards zum Umweltschutz. Zwar berufen sich die Großunternehmen diesbezüglich auf diverse Umweltlabel, die angeblich nur ausgewählte Unternehmen erhalten. Beim genauen Hinsehen fällt jedoch auf, dass diese Label oft von Organisationen vergeben werden, die wirtschaftlichen Interessen untergeordnet sind und an eine Vielzahl von Unternehmen vergeben werden. Ein Label lässt sogar den Kahlschlag von Regenwäldern zu (29).
Als Letztes möchte ich mich kurz dem Aspekt des internationalen Jugendaustausches widmen. Ziel dieser Programme ist nicht das Reisen oder die Vorbereitung auf den Arbeitsmarkt durch Vervollkommnung von Soft Skills, wie oft angenommen wird. Vielmehr geht es darum, sich in eine andere Kultur zu integrieren und dabei Situationen aus verschiedenen Perspektiven zu betrachten (30), eigene Wertvorstellungen zu überdenken und sich der eigenen Identität bewusst zu werden. Es bleibt abzuwarten, meine Damen und Herren, inwieweit diese Programme tatsächlich zu mehr Toleranz oder gar Übernahme von Kulturpraktiken führen.
Vielen Dank für Ihre Aufmerksamkeit!

Modelltest 3

11 Teil 1

Sie hören einen Podcast über Sendungen zum Thema Nachhaltigkeit.
Sie hören den Text einmal. Wählen Sie bei jeder Aufgabe, zu welcher Sendung die Aussage passt. Lesen Sie jetzt die Aufgaben 1 bis 6. Dazu haben Sie 60 Sekunden Zeit.

Hallo, liebe Hörerinnen und Hörer! Da bin ich wieder mit meinem Podcast „Durchblick". Ich stelle auch heute wieder drei interessante Sendungen aus unserer Mediathek vor. Die erste Sendung, die ich euch empfehlen möchte, heißt „Erst denken!" Wer von uns hat sich nicht schon mal über ein sogenanntes Schnäppchen gefreut, also darüber, dass er ein scheinbar teures Produkt zu einem erschwinglichen Preis bekommen hat? Aber welche katastrophalen Folgen kann so ein Kauf haben? (0) Der Autor der Sendung räumt mit der Lüge von Spottpreisen auf. Denn wenn etwas zu Niedrigstpreisen verkauft wird (2), dann zahlt jemand anderes dafür. Und das sind nicht nur die Niedriglohnkräfte riesiger Plantagen, auf denen unsere Lebensmittel produziert werden – auch zu Lasten des Klimas, sondern auch heimische Bauern, die ihre Milchhöfe aufgeben müssen, weil sie die Milch nicht mehr zu Dumpingpreisen verkaufen können. Oder Produzenten, die sich dem Preisdiktat riesiger Discounter beugen müssen (6). Der Autor will uns nicht belehren, sondern klarmachen, dass wir beim Einkaufen überlegen sollten, wen oder was wir eigentlich unterstützen wollen. Also, ich habe durch diese Sendung wieder gelernt, die Arbeit, die in Produkten steckt, wert zu schätzen.
Bei der zweiten Sendung „Nullkommanichts" geht es um Verpackungsmüll. Die Sendung zeigt uns, wie wir es schaffen können, ein Leben mit weniger Müll zu führen (5). Schritt für Schritt wird uns erklärt, wie wir Müll in allen Lebenslagen vermeiden können und dass das weder schwer noch teuer sein muss. Die Produzenten der Sendung sind keine Hardliner, die Null Müll erreichen wollen, was ja auch utopisch ist. Wir können nämlich leider nicht den gesamten Herstellungsprozess eines Produktes verfolgen und kontrollieren. Aber wir können die Nachfrage nach beispielsweise plastikintensiven Produkten senken, indem wir diese nicht kaufen und somit helfen, das Plastikproblem unseres Planeten anzugehen. In der Sendung lernt ihr, wie ihr jedes Zimmer eurer Wohnung preiswert und ökologisch gestalten könnt. Oder welche Möglichkeiten es gibt, eure Kinder in die neue Lebensweise miteinzubeziehen, indem ihr beispielsweise geschenklose Geburtstage organisiert. Bereichert die Welt eurer Kinder mit Aktivitäten und nicht mit kurzlebigen Dingen! (1) So werden Nachhaltigkeit und damit Klimaschutz erlebbar.
Und da sind wir auch schon bei meiner letzten Empfehlung. Die Sendung heißt „Causa Clima". Wie bei einem Gerichtsprozess wird der Fall Klimaschutz langsam aufgerollt. Von seinen Anfängen bis heute (4). Interessant war für mich dabei zu erfahren, dass sich schon römische Kaiser für Nachhaltigkeit ausgesprochen hatten. So schützte Kaiser Hadrian schon im zweiten Jahrhundert die Libanonzedern, eine Baumart, die besonders für den Schiffbau genutzt wurde. Oder der sächsische Oberberghauptmann Carl von Carlowitz plädierte bereits 1713 für eine schonende Forstwirtschaft und nachhaltige Nutzung der Holzreserven, indem er eine bessere Wärmedämmung der Häuser forderte. Diese Maßnahmen dienten natürlich der

Ressourcensicherung. Heute fordern die Vereinten Nationen eine Entwicklung beim Klimaschutz, die den Erfordernissen der heutigen Generationen zwar entspricht, ohne jedoch die Bedürfnisse künftiger Generationen zu gefährden (3). Ein spannender Fall, wie ich finde. So, danke, dass ihr heute wieder dabei wart. Bis zum nächsten Mal.

12 Teil 2

Sie hören ein Radiointerview mit einer Persönlichkeit aus der Wissenschaft.
Sie hören den Text zweimal. Wählen Sie bei jeder Aufgabe die richtige Lösung. Lesen Sie jetzt die Aufgaben 7 bis 15.
Dazu haben Sie 60 Sekunden Zeit.

Für Aufgaben 9 und 14 gibt es keine Unterstreichung im Transkript, da dazu nichts gesagt wird.

Moderatorin: Herzlich willkommen zu unserer Sendung „Politik für Jedermann". Ich begrüße heute den Politikwissenschaftler Professor Michael Josek in unserem Studio.

Herr Josek: Guten Tag!

Moderatorin: Sie befassen sich mit der Auswertung und Interpretation von Umfragen, die die Politik betreffen. Und dabei insbesondere mit der sogenannten Politikverdrossenheit.

Herr Josek: Ja, das ist richtig. Wir lesen ja immer wieder über die angebliche Politikverdrossenheit der Deutschen, sehen aber andererseits, dass die Berichterstattung über politische Themen im Fernsehen, in Zeitungen oder Radio immer stärker präsent ist und mit großem Interesse verfolgt wird. Auch die lebhaften Diskussionen über Politik in sozialen Netzwerken bestätigen diesen Eindruck (7).

Moderatorin: Und was versteht man Ihrer Meinung nach unter Politikverdrossenheit?

Herr Josek: Ich möchte zunächst einmal festhalten, dass Politikverdrossenheit ein umgangssprachlicher Begriff ist (8). Man spricht auch von Politikmüdigkeit oder Politikverdruss. Gemeint ist damit eine negative Einstellung der Bürgerinnen und Bürger gegenüber der Politik, geprägt von Misstrauen bis hin zur Ablehnung.

Moderatorin: Da Sie gerade das Misstrauen gegenüber Politikern ansprechen: Wie ist denn da der Trend?

Herr Josek: Ja eindeutig steigend. Fast zwei Drittel der Deutschen glauben, dass die Politikerinnen und Politiker heute seltener die Wahrheit sagen als noch vor 30 Jahren. Nur fünf Prozent sind vom Gegenteil überzeugt. Ähnliche Meinungsäußerungen sehen wir auch in anderen Ländern wie in den USA, in Russland, in Frankreich oder in Großbritannien.

Moderatorin: Wie äußert sich denn ein geringes Vertrauen in die Politik?

Herr Josek: Na ja, zum Beispiel indem die Bürgerinnen und Bürger nicht zur Wahlurne gehen. Man kann es auch daran sehen, dass sich diese Menschen in der Politik nicht mehr engagieren oder dass in den großen Parteien ein Mitgliederschwund herrscht (10). Viele laufen zu kleineren Parteien über.

Moderatorin: Das Durchschnittsalter in den großen Parteien ist ja relativ hoch. Fühlt sich die Jugend da überhaupt noch angesprochen?

Herr Josek: Ja, schauen Sie sich mal die Wahlversprechen der Parteien an: Da geht es meist um Rentenerhöhungen und dergleichen und viel zu wenig um Klimapolitik, Arbeitsplatzerhaltung, neue Lehr- und Studienpläne oder eine bessere digitale Ausrüstung der Bildungseinrichtungen. Da fühlen sich viele junge Wählerinnen und Wähler mit ihren Vorstellungen und Wünschen allein gelassen (11).

Moderatorin: Was schlagen Sie denn als Politikwissenschaftler diesbezüglich vor?

Herr Josek: Wir müssen den Politikverdrossenen zeigen, dass es durchaus Sinn macht, sich an den Wahlen zu beteiligen. Wenn man weiß, wie ein politisches System funktioniert, kann man sich auch eine Meinung über die aktuelle politische Lage bilden. Schon in den Schulen sollte man mit innovativen Methoden lehren, wie Politik Einfluss auf das Leben hat (12), auch auf das der Schülerinnen und Schüler.

Moderatorin: Mangelt es uns an starken Führungspersönlichkeiten, die solche Vorschläge auf den Weg bringen?

Herr Josek: Nicht unbedingt. Interessant finde ich, dass die Deutschen zum Großteil starke Leitfiguren, die auch mal die Regeln missachten, eher ablehnen (13). In anderen Ländern sieht das ganz anders aus. Auch in einigen Mitgliedsstaaten der Europäischen Union wünscht sich die Mehrheit der Wählerinnen und Wähler stärkere Führungspersönlichkeiten.

Moderatorin: Wenn von den Politikerinnen und Politikern die Regeln gebrochen würden, dann käme es zu einem noch größeren Misstrauen seitens der Bevölkerung.

Herr Josek: Das ist durchaus möglich. Aber wir sollten Misstrauen nicht gleich von vornherein verteufeln. Ein gesundes Misstrauen kann ja auch konstruktiv sein, wenn z. B. Entscheidungen hinterfragt werden oder wenn die Politikerinnen und Politiker gezwungen werden, eigene Positionen neu zu überdenken. Dafür sind ja auch die Oppositionsparteien zuständig. Es muss allerdings auch ein Ruhepol gefunden werden, damit man sich nicht in endlosen Kleinkriegen verliert, sondern auch regieren kann.

Moderatorin: Vielleicht noch eine Frage zum Populismus, der ja überall zuzunehmen scheint. Wie sieht es da in Deutschland aus?

Herr Josek: Also, die Deutschen empfinden, dass die Schere zwischen Arm und Reich immer größer wird, was ja einen guten Nährboden für Populismus bietet. Insofern verwundert es auch nicht, dass über 60 Prozent der Deutschen der Meinung sind, Deutschland sei zerrüttet. Dennoch haben wir in Deutschland in geringerem Maße Anhängerinnen und Anhänger von populistischen, anti-elitären oder anti-migrantischen Theorien als in den meisten anderen europäischen Ländern (15).

Moderatorin: Herr Josek, ich bedanke mich für das interessante Gespräch.

Herr Josek: Gern geschehen.

13 Teil 3

Sie hören ein Gespräch mit mehreren Personen über Optimismus.
Sie hören den Text in vier Abschnitten jeweils einmal. Zu jedem Abschnitt gibt es zwei Aufgaben. Wählen Sie bei jeder Aufgabe die richtige Lösung. Vor dem Hören eines Abschnitts haben Sie 30 Sekunden Zeit, um die zwei Aufgaben zu lesen.

Abschnitt 1 Lesen Sie jetzt die Aufgaben 16 und 17.
Moderatorin: Ich begrüße Sie in unserem Podcast „Lebenseinstellungen". Heute wollen wir das Thema *Optimismus* von seiner philosophischen und psychologischen Seite betrachten. Dazu begrüße ich die Psychologin Frau Ida Schild und den Philosophen Herrn Dr. Finn Paulsen.
Frau Schild: Guten Abend!
Herr Paulsen: Hallo!
Moderatorin: Frau Schild, ich wende mich an Sie mit der berühmten Frage: Ist für Sie das Glas halbvoll oder halbleer?
Frau Schild: Also ich persönlich sehe das Glas halbvoll. Aber wie wir diese Frage beantworten, ist eine Frage der Sichtweise und Einstellung. Viele Menschen glauben, dass schon von Geburt an feststehe, ob wir eher optimistisch oder pessimistisch eingestellt sind. In Wahrheit verbirgt sich hinter einer optimistischen bzw. pessimistischen Einstellung eine erlernte innere Haltung, die man sich durch bestimmte Erlebnisse und den Einfluss wichtiger Bezugspersonen angeeignet hat (16).
Moderatorin: Herr Paulsen, seit wann spricht man eigentlich von Optimismus?
Herr Paulsen: Das Wort selbst stammt von jesuitischen Theologen, eigentlich um den deutschen Universalgelehrten Gottfried Wilhelm Leibniz zu verspotten. Leibniz postulierte nämlich, dass Gott die beste aller Welten geschaffen habe (17), auch wenn man die Welt selbst nicht als gut bezeichnen könne. Die Jesuiten waren der Meinung, dass ein Mathematiker wie Leibniz nicht über solche Dinge zu urteilen habe und schufen den damals abwertenden Begriff des *Optimisten*, welcher seine ironische Färbung inzwischen verloren hat.

Abschnitt 2 Lesen Sie jetzt die Aufgaben 18 und 19.
Moderatorin: Frau Schild, stimmt es, dass Optimisten länger leben?
Frau Schild: Jeder weiß ja, dass eine gesunde Lebensweise dazu beitragen kann, ein hohes Alter zu erreichen. Aber auch psychische Faktoren beeinflussen unsere Lebenserwartung. Studien haben gezeigt, dass es einen engen Zusammenhang zwischen einer positiven Lebenseinstellung und langer Lebensdauer gibt (18). Möglicherweise beruht dies darauf, dass Optimisten häufiger konsequenter darin sind, Sport zu treiben und sich gesund zu ernähren. Andererseits vermutet man aber auch, dass man pessimistisch eingestellten Menschen eine positivere Lebenseinstellung vermitteln und somit auch deren Leben verlängern kann.
Herr Paulsen: Wenn ich vielleicht an den letzten Satz anknüpfen darf: Pessimisten fühlen sich ja oft in einer Sackgasse gefangen. Da kann uns der Optimismus sowohl individuell als auch kollektiv helfen, aus dieser Machtlosigkeit herauszufinden. Daran zu glauben, dass sich Dinge zum Besseren wenden können, ist keine Naivität, sondern die Fähigkeit, nicht zu resignieren, ein Ideal zu haben, für das man seine Energie mobilisiert (19).

Abschnitt 3 Lesen Sie jetzt die Aufgaben 20 und 21.
Moderatorin: Herr Paulsen, wir können beobachten, dass manche Menschen im Laufe ihres Lebens misstrauischer, also pessimistischer werden. Woher kommt das?
Herr Paulsen: Vielleicht haben wir früher einmal geglaubt, unsere Mitmenschen oder uns selbst gut zu kennen und plötzlich hat uns das Leben gezeigt, dass wir uns getäuscht haben. Und anstatt einfach die *Ent-Täuschung* anzunehmen und uns und unsere Mitmenschen von nun an besser einzuschätzen (20), ziehen wir uns zurück und nehmen eine misstrauische und skeptische Haltung an. So stellt man sich allerdings nicht der Realität. So verlieren wir unsere Freiheit, über uns selbst zu entscheiden und sehen die Zukunft düster. Das kann sowohl dem Individuum passieren als auch ganzen Nationen.
Frau Schild: Um noch einmal auf das Alter zurückzukommen. Wissenschaftler haben herausgefunden, dass eine positive Einstellung zum Leben und vor allem auch zum Alter, das Demenzrisiko erheblich verringern kann (21), auch bei Menschen, die erblichen Komponenten unterliegen. Zu diesem Optimismus müsste auch die Gesellschaft beitragen, indem sie Gesundheitskampagnen gegen das negative Bild vom Altern startet. Sieht man den letzten Lebensabschnitt nicht so pessimistisch, so kann das den Stressspiegel senken und kognitiven Beeinträchtigungen entgegenwirken.

Abschnitt 4 Lesen Sie jetzt die Aufgaben 22 und 23.
Moderatorin Kann man denn Zuversicht trainieren?
Frau Schild: Unbewusst tun wir das ja ständig. Bei jeder Prüfung, jedem Wettbewerb oder jeder Bewerbung glauben wir an uns selbst und an unsere Fähigkeiten, mit den Schwierigkeiten fertig zu werden. Das stärkt die Zuversicht und auch die Illusion, dass wir alles in unserem Leben meistern können. Aber Vorsicht: Es gibt auch einen Feind des Optimismus, und zwar die Gewohnheit (22). Zu oft gegangene Wege langweilen uns irgendwann. Neues hingegen stimuliert unser Erwartungssystem und belohnt uns mit guter Stimmung. Aber auch hier ist Vorsicht geboten: Man wird nicht von selbst fröhlich, nur weil man eine lebensbejahende Einstellung hat. So leicht lässt sich die Seele nicht manipulieren.
Herr Paulsen: Das stimmt. Und an dieser Stelle möchte ich die Pessimisten etwas beruhigen. Ein defensiver Pessimismus kann auch eine sinnvolle Strategie sein, sich besser zu fühlen. Lernt man zum Beispiel einen Menschen kennen und ist am Anfang davon überzeugt, dass dieser eine tolle Persönlichkeit hat, ist man eher desillusioniert, wenn sich das Gegenteil herausstellt. Ein Mensch, der von vornherein diese Person skeptisch gesehen hat, ist am Ende weniger oder gar nicht enttäuscht (23).
Moderatorin: Ich sehe schon, die Diskussion ist noch nicht beendet, jedoch unsere Sendezeit liebe Hörerinnen und Hörer. Weitere Fragen beantworten unsere Gäste gern unter www. …

14 Teil 4

Sie hören einen Vortrag über Kinderrechte und Kinderpolitik.
Sie hören den Text zweimal. Wählen Sie bei jeder Aufgabe die richtige Lösung. Lesen Sie jetzt die Aufgaben 24 bis 30. Dazu haben Sie 90 Sekunden Zeit.

Sehr geehrte Damen und Herren, herzlich willkommen zu meinem Vortrag!
Heute geht es um globale Kinderpolitik. Unsere heutige Welt ist so stark vernetzt und digitalisiert, dass sich kaum jemand den Auswirkungen unseres globalen Handelns entziehen kann. Das betrifft auch die Lebenswelt unserer Kinder. Durch die Globalisierung werden Ungeborene, Kinder und Jugendliche veränderte Lebensbedingungen vorfinden, die deren Recht auf Leben, Überleben und Entwicklung sowie auf Wahrung des Kindeswohls ernsthaft gefährden könnten. Es liegt in der Hand der internationalen Gemeinschaft, der zunehmenden Kinderarmut und strukturellen Ungleichheit in der Gesellschaft entgegenzuwirken. So ist es in der Kinderrechtskonvention von 1989 festgelegt, welche eine weltweit anerkannte Richtschnur darstellt (24).
Der Weg bis zur Anerkennung der Kinder als Wesen mit eigenen Rechten, die man schützen und fördern muss, war lang. Das Leiden der Kinder während und nach den grauenvollen Weltkriegen des 20. Jahrhunderts führte dazu, dass politische Rahmenbedingungen geschaffen wurden, um den Herausforderungen von Gewalt und Ungleichheit zu begegnen. Das hatte es bisher noch nie gegeben. Somit wurde das 20. Jahrhundert zum wichtigsten in der Geschichte der Kinderrechte. Und zwar mit der Verabschiedung der Kinderrechtskonvention (25) durch die Vereinten Nationen.
Selbstverständlich beeinflusst globale Kinderpolitik die nationalen Kinderpolitiken und umgekehrt. Je nachdem wie in einem Land kulturelle, religiöse oder gesellschaftliche Einflüsse ausgeprägt sind, wird die Rolle des Kindes und seiner Rechte in diesem Land wahrgenommen und umgesetzt (26). Beispielsweise kann in Ländern, wo Kinder zum Lebensunterhalt ihrer Familie beitragen müssen, die Umsetzung des Artikels 32 der UN-Kinderrechtskonvention, welcher Kinderarbeit verbietet, fatale Folgen haben: Die Familie rutscht noch mehr in die Armut ab oder das Kind wird, wenn es dennoch arbeitet, in die Illegalität getrieben.
Der Begriff *Kindheit* – ein Konstrukt der Gegenwart – bezeichnet eine Lebensphase, die sich vom Erwachsensein unterscheidet. Im Mittelalter hingegen sprach man lediglich von den ersten Lebensjahren eines Kindes, die besonders gefährlich waren und überwunden werden mussten. Denn danach begann relativ schnell das harte Arbeitsleben der Kinder bzw. die strenge Erziehung von Kindern aus privilegierten Schichten. Während der Epoche der Aufklärung im 18. Jahrhundert kam die Forderung auf, Kinder in ihren ersten Lebensjahren besonders zu schützen und zu fördern und es entstanden neue Ideen hinsichtlich der Pädagogik und Erziehung (27).
Mit dem Beginn des Kapitalismus verschlechterten sich die Lebensbedingungen der Menschen und auch die der Kinder rasant. Durch die Entstehung einer revoltierenden Arbeiterklasse im 19. Jahrhundert wurde die Politik gezwungen sich mit sozialen Fragen zu beschäftigen. Forderungen nach Menschenrechten, wie das Recht auf Bildung, wurden laut. Dabei ist das Konzept der Menschenrechte nicht neu. Überall in der Geschichte, wo es Unrecht gab, versuchten die Menschen sich vor der Willkür der Herrschenden zu schützen. Aber selbst die Französische Revolution mit ihrer Erklärung zu Menschen- und Bürgerrechten ließ Kinder und Frauen außen vor, denn unter *Mensch* verstand man damals hauptsächlich *Mann* (28).
Ende des 19. Jahrhunderts wurden gleichzeitig mit den Frauenrechtsbewegungen die Rechte der Kinder in den Fokus der Politik gestellt. Beispielsweise drängte der polnische Kinderarzt und Pädagoge Janusz Korczak auf die Achtung der Persönlichkeit eines jeden Kindes, auf Gleichwertigkeit und Respekt. Er forderte u.a., dass Kinder von Geburt an als kompetente Menschen angesehen werden und ihnen das Recht, sich an der Gestaltung ihres Lebens zu beteiligen über den Förder- und Schutzbedarf hinaus zugestanden werden muss (29). Ein absolutes Novum damals.
Zum Schluss noch einige Worte dazu, wie wir es erreichen können, dass Kinder und Jugendliche in Würde aufwachsen können. Kriege, Flucht, Armut und Pandemien hindern Millionen von Kindern und Jugendlichen daran, sich gesund und gewaltfrei zu entfalten. Auch die Klimakrise ist eine enorme Herausforderung für eine weltweit erfolgreiche Kinderpolitik. Ohne die Partizipation der Kinder an der internationalen Gemeinschaft zu stärken, haben wir keine Chance, die Kinderrechte im Sinne unserer Nachkommen durchzusetzen (30).
Ich danke Ihnen für Ihre Aufmerksamkeit!

Modelltest 4

15 Teil 1

Sie hören einen Podcast über neue Sport-Dokumentationen.
Sie hören den Text einmal. Wählen Sie bei jeder Aufgabe, zu welcher Dokumentation die Aussage passt. Lesen Sie jetzt die Aufgaben 1 bis 6. Dazu haben Sie 60 Sekunden Zeit.

Hallo und willkommen zu meinem Podcast „Frauen und Sport". Heute möchte ich euch drei neue Sportdokus vorstellen, die ihr ab heute in unserer Mediathek finden könnt:
Als erste Doku habe ich „Kampf der Geschlechter" ausgewählt. Hier geht es um die Tennisspielerin Billie Jean King aus den USA – eine mutige Verfechterin der Gleichstellung zwischen Mann und Frau im Tennissport (0). Bis Anfang der 1970er Jahre war der Tennissport noch eine absolute Männerdomäne und Tennisspielerinnen wurden mit niedrigen Preisgeldern abgespeist. 1973 änderte sich dies jedoch, als der ehemalige Tennisprofi Bobby Riggs, damals schon 55, die zu der Zeit weltbeste Tennisspielerin, Billi Jean King, zu einem Zweikampf herausforderte. Als selbsternannter Chauvinist war er der festen Überzeugung, dass ein Mann selbst in seinem Alter die Tennisspielerin schlagen könne. Billie Jean King jedoch gewann das Match (3) und bekam ein Preisgeld von 100.000 Dollar – zum damaligen Zeitpunkt für eine Frau unvorstellbar. Aber das Wichtigste: 1973 waren die US

Open das erste große Tennis-Turnier, das gleiche Preisgelder für Männer und Frauen auslobte (5).
Die zweite Dokumentation „Geschlecht zweiter Klasse" dreht sich um das Thema *Mutterschaft und Spitzensport*. Früher bedeutete eine Schwangerschaft im Leistungssport das absolute Aus. Die Dokumentation zeigt anschaulich, wie es den Spitzensportlerinnen in Deutschland heute ergeht. Obwohl es zahlreiche Beispiele für ein erfolgreiches Comeback von Müttern im Spitzensport gibt, fühlen sich leider noch immer viele von ihnen im Stich gelassen (1), sobald sie Nachwuchs erwarten. Es werden Beispiele gezeigt, wo junge Mütter, die zuvor ein beliebtes Werbeobjekt waren, statt weiterer Unterstützung mit der Schwangerschaft einen Abschiedsbrief bekommen haben (6). Durch diese Dokumentation wird deutlich, dass es im Hinblick auf die Handhabung von Mutterschaft durch die Verbände noch viel Entwicklungspotenzial gibt. Ich kann den Mut der Spitzensportlerinnen, die als Mutter trotzdem noch weiter trainieren, nur bewundern.
Und die dritte Doku „Sport und Gleichberechtigung" beschäftigt sich mit dem Thema der ungleichen Bezahlung zwischen männlichen und weiblichen Athleten. In den meisten Sportarten werden zwar mittlerweile gleiche Preisgelder auf Top-Niveau gezahlt. Enorme Lücken gibt es aber immer noch im Fußball, Basketball und Golf. In der Sendung gibt es seitens einiger Sportökonomen Erklärungsversuche dazu. So wird diese Ungerechtigkeit durch den riesigen Produktmarkt dieser Sportarten erklärt (2). Im Klartext: Das Geld, das über Produkte, Fernsehrechte und Werbeartikel in den Verband fließt, wird analog auf die Spielerinnen und Spieler verteilt und nicht gleichmäßig: Männersport bringt meist mehr Zuschauer und männliche Spitzensportler bekommen in der Regel auch höhere Summen bei Werbeverträgen. Also erhalten sie höhere Gehälter und Prämien. Verbände sind eben reine Unternehmen und die streben nach Gewinn. Verlierer sind dabei die weiblichen Athleten. Jedoch zeigt die Doku interessante Möglichkeiten, wie man dieser Vorgehensweise entgegenwirken könnte (4). Tja, und das war´s auch schon wieder für heute. Ich sage Tschüss und bis zum nächsten Mal.

16 Teil 2

Sie hören ein Radiointerview mit einer Persönlichkeit aus der Wissenschaft.
Sie hören den Text zweimal. Wählen Sie bei jeder Aufgabe die richtige Lösung. Lesen Sie jetzt die Aufgaben 7 bis 15.
Dazu haben Sie 60 Sekunden Zeit.

Für Item 11 gibt es keine Unterstreichung, da dazu nichts gesagt wird.

Moderatorin: Herzlich willkommen zu unserer Wissenschaftssendung „Homo Digitalis". Herr Simon Knizka, ich begrüße auch Sie ganz herzlich in unserer Sendung.

Herr Knizka: Hallo!

Moderatorin: Herr Knizka, Sie sind Professor für Molekularpsychologie und beschäftigen sich vor allem damit, wie sich die zunehmende Digitalisierung auf unser Gehirn auswirkt.

Herr Knizka: Richtig. Es geht dabei darum, ab wann die durchaus sinnvolle Nutzung der digitalen Medien in eine Sucht umschlägt. Denn wer kann sich schon heutzutage dem digitalen Sog entziehen? Das ist ja auch recht schwierig, zumal Smartphones und Co. immer und überall griffbereit sind (7).

Moderatorin: Wie viel Zeit verbringt denn der Durchschnittsdeutsche privat am Smartphone?

Herr Knizka: Das lässt sich gar nicht so einfach bestimmen. Man hat zu Beginn versucht, mit Fragebogen diese Zeitdauer zu ermitteln, was sich jedoch als recht schwierig gestaltete, denn die Einschätzungen der Probandinnen und Probanden waren sehr subjektiv und am Ende meist falsch (8). Durch Messungen konnte man feststellen, dass die 14- bis 35-Jährigen circa zweieinhalb Stunden pro Tag am Smartphone verbringen und circa einhundertmal am Tag auf ihr Smartphone schauen.

Moderatorin: Das ist natürlich nicht wenig!

Herr Knizka: Ja, das bedeutet eine Dauerunterbrechung im Alltag. Interessanterweise gibt es da kaum Unterschiede zwischen den weiblichen und den männlichen Probanden (9). Man denkt ja immer, dass Frauen länger am Smartphone „hängen" als Männer. Unterschiede gibt es eher bei den Kanälen, die genutzt werden. Social Media und Kommunikation sind bei den Frauen üblicher. Männer spielen lieber online, reden aber auch sehr häufig am Smartphone.

Moderatorin: Es gibt nun aber auch Applikationen, also Apps, die uns dazu verleiten, dass wir immer länger dranbleiben. Warum?

Herr Knizka: Das ist natürlich ein riesiges Geschäft. Denn je länger wir uns mit diesen Apps beschäftigen, desto mehr Daten geben wir von uns preis. Und Daten sind monetär umsetzbar, zum Beispiel in personalisierter Werbung, die wiederum zum Kauf verführt. Im Internetgeschäft sind diese Daten mittlerweile zum Zahlungsmittel geworden (10). Und egal, ob man spielt oder einkauft, die sogenannten Cookies spionieren genau unsere Interessen und unser Kaufverhalten aus, denn die Betreiber der Websites haben mit der Werbeindustrie einen Vertrag zum Schnüffeln geschlossen: So entsteht ein Profil über jeden Nutzer, welches sogar Prognosen über *künftiges* Kaufverhalten zulässt.

Moderatorin: Das heißt, wir sind berechenbar und transparent geworden. Dennoch lassen wir dieses Ausspionieren zu.

Herr Knizka: Ja, und wir laden sogar Fotos auf sozialen Netzwerken hoch, obwohl wir wissen, dass diese missbräuchlich genutzt werden können (12). Es liegt ganz einfach in der Natur des Menschen, dass wir soziale Interaktion brauchen. Likes und Smileys spielen hier auch eine enorme Rolle, denn wir gieren nach Anerkennung durch andere. So wird das Glückshormon Dopamin in unserem Gehirn ausgeschüttet.

Moderatorin: Apropos *Gehirn*: Ab wann kann man denn von einer Online-Sucht sprechen?

Herr Knizka: Erstmal sei vorweggesagt, dass es noch keine Diagnose *Internetsucht* gibt. Was die Definition so schwierig macht, sind die vielen unterschiedlichen Online-Inhalte. Sind bestimmte Menschen wirklich vom Internet abhängig oder nur von bestimmten Inhalten? Es werden natürlich Inhalte diskutiert, die exzessiv genutzt werden können, wie z. B. das Gaming. Computerspielsucht könnte die erste Sucht sein, die tatsächlich als Sucht anerkannt wird. Da ist die Weltgesundheitsorganisation ganz nah dran (13).

Moderatorin: Warum ist solch eine Anerkennung durch die WHO wichtig?

Herr Knizka: Damit hätten wir eine Basis, um auch andere Formen der Sucht erforschen zu können. Gleich ist ja diesen

Süchten, dass man die eigene Kontrolle über seine Internetnutzung verliert (14). Man räumt dieser Tätigkeit immer mehr Raum in seinem Alltag ein zu Lasten von anderen Aktivitäten, die man früher gern gemacht hat oder zu Lasten der beruflichen Verpflichtungen. Wir dürfen aber Alltagsverhaltensweisen nicht pathologisieren. Solche Verhaltensweisen müssen über einen Zeitraum von mindestens einem Jahr erfolgen, um als exzessives Verhalten zu gelten.

Moderatorin: Warum tut sich die WHO so schwer, Internetsucht als Diagnose anzuerkennen?

Herr Knizka: Na ja, immer wenn neue Technologien auftreten, tritt sofort die Diskussion der Abhängigkeit davon in den Vordergrund. Unter Wissenschaftlern wird auch sehr stark diskutiert, ob es eine Fernsehsucht oder Büchersucht gibt. Und wie lange gibt es das Medium Buch schon? Und trotzdem konnte man sich noch nicht zu einem einheitlichen Urteil darüber durchringen. Man will da einfach nicht zu vorschnell urteilen (15).

Moderatorin: Herr Knizka, vielen Dank für das Gespräch.

17 Teil 3

Sie hören ein Gespräch mit mehreren Personen über Entwicklungen auf dem Arbeitsmarkt.
Sie hören den Text in vier Abschnitten jeweils einmal. Zu jedem Abschnitt gibt es zwei Aufgaben. Wählen Sie bei jeder Aufgabe die richtige Lösung. Vor dem Hören eines Abschnitts haben Sie 30 Sekunden Zeit, um die zwei Aufgaben zu lesen.

Abschnitt 1 Lesen Sie jetzt die Aufgaben 16 und 17.

Moderatorin: Ich begrüße Sie in unserem Podcast „Unsere Zukunft". In der heutigen Folge geht es um demografische Trends und wie sich diese auf den Arbeitsmarkt auswirken. Dazu begrüße ich die Wirtschaftsjournalistin Frau Dorothèe May, und den Volkswirt Herrn Miroslav Batic.

Frau May: Guten Tag!

Herr Batic: Hallo!

Moderatorin: Frau May, in Deutschland steigt ja die Lebenserwartung immer mehr an. Das ist doch eigentlich erfreulich, oder?

Frau May: Ja, natürlich. Aber andererseits wird unsere Gesellschaft auch immer älter, da der höheren Lebenserwartung weniger Geburten gegenüberstehen. Zudem haben sich Aufstiegs- und Ausbildungsmöglichkeiten noch nicht an die neue Situation angepasst, obwohl der demographische Wandel große Auswirkungen auf den Arbeitsmarkt hat und haben wird. Konjunkturbedingt haben wir jetzt schon in vielen Bereichen einen starken Arbeitskräftemangel (16). Trotz dieser Entwicklungen muss man feststellen, dass sich die Unternehmen noch nicht flächendeckend mit dieser Problematik auseinandergesetzt haben, indem sie z. B. eher ältere Menschen einstellen.

Moderatorin: Herr Batic, gibt es da nicht Probleme hinsichtlich der Produktivität älterer Mitarbeiterinnen und Mitarbeiter?

Herr Batic: Eigentlich sind das eher Vorurteile. Es gibt nämlich Untersuchungen, die ältere und jüngere Beschäftigte am Fließband beobachtet haben, vor allem, was deren Fehlerquote betraf. Da konnte man feststellen, dass die Älteren mehr Fehler gemacht haben als die Jüngeren. Allerdings waren die Fehler der Jüngeren wesentlich kostenintensiver. Wichtig für ältere Mitarbeiterinnen und Mitarbeiter ist immer, dass sie sich wohlfühlen und dass sie wertgeschätzt und ernstgenommen werden. Sind diese drei Komponenten gegeben, dann sind Ältere keineswegs weniger produktiv (17).

Abschnitt 2 Lesen Sie jetzt die Aufgaben 18 und 19.

Moderatorin: Bei welchen Tätigkeiten können Ältere denn effektiver sein?

Frau May: Alles, was Erfahrungen und die Beilegung von Spannungen oder gar Streit betrifft – da sind die Älteren den Jüngeren um einiges voraus. Vor allem, was das Vermitteln zwischen den Parteien (18) betrifft. Jüngere sind hingegen bei der Auffassungsgabe im Vorteil. Wegen dieser Unterschiede ist es auch so wichtig altersgemischte Teams zusammenzustellen, denn so profitieren die Unternehmen von all diesen Soft Skills

Moderatorin: Wie wichtig ist die Motivation dabei?

Frau May: Die ist ganz entscheidend. Es gibt das Motiv der Generativität: Das heißt, die ältere Generation möchte jüngere Menschen unterstützen und führen sowie ihre Erfahrungen an sie weitergeben (19). Das geschieht im familiären Bereich natürlich intuitiv. Aber auch innerhalb eines Unternehmens ist das nicht anders, vorausgesetzt das Umfeld stimmt für die Älteren. Anderenfalls ziehen sich diese zurück und arbeiten lieber allein.

Abschnitt 3 Lesen Sie jetzt die Aufgaben 20 und 21.

Moderatorin: Herr Batic, Sie haben ja in einer Ihrer Publikationen geschrieben, dass die Hälfte der heute Geborenen über 100 Jahre alt werden könnte. Ist es dann noch sinnvoll Mitte 60 in Rente zu gehen?

Herr Batic: Wenn es nach mir ginge, würde ich das starre Rentenalter sofort abschaffen. Die traditionelle Einteilung unseres Lebens in Lernen, also Schule und Ausbildung, Arbeiten, also Berufsleben, und Ausruhen, also Rente, muss aufgebrochen werden. Diese drei Phasen sollten sich während des Lebens immer abwechseln (20).

Frau May: Dann wäre auch der Übergang ins Rentenalter einfacher, weil man sich ja schon mal mit 55 oder 60 eine Auszeit nehmen kann, um zu sehen, wie es ist, wenn man nicht mehr im Arbeitsprozess steht. Die Rückkehr ins Arbeitsleben sollte unter bestimmten Voraussetzungen jedoch immer möglich sein. Wir brauchen also eine Flexibilisierung der Arbeitswelt und der Arbeitszeiten (21), indem uns beispielsweise die Arbeitgebenden anbieten, von Vollzeit auf Teilzeit umzusteigen oder während des gesamten Arbeitslebens Auszeiten und Weiterbildung einzubauen.

Abschnitt 4 Lesen Sie jetzt die Aufgaben 22 und 23.

Moderatorin: Wird man mehrere Berufe erlernen müssen, um flexibel zu bleiben?

Frau May: Ich denke ja. Das ist schon allein durch die Digitalisierung notwendig, da sich vielleicht nicht die Berufe an sich ändern, aber die Inhalte stark wandeln werden (22). Und das immer schneller. Die ständige Digitalisierung erfordert von uns ein lebenslanges Lernen. Und dann wird es auch völlig normal sein, wenn wir in Teilzeit arbeiten, um uns weiterbilden oder um die Familie kümmern zu können. So bekommt man die Familienphase viel besser in den Griff. Im Moment ist die Generation zwischen 25 und 45 dazu gezwungen, in diesen Lebensabschnitt alles reinzupacken: Karriere und Familie.

Moderatorin: Wie muss sich da das Bildungssystem anpassen?

Herr Batic: Die Lernformen haben sich ja bereits verändert. Durch Online-Angebote der Universitäten, kann man sich ständig weiterbilden, ohne an einem bestimmten Tag an einem bestimmten Ort sein zu müssen. Was noch nicht so ausgereift ist, ist die Kultur des lebenslangen Lernens. Das soll ja auch Spaß machen (23) und keine Bedrohung sein. Viele haben noch schlechte Erinnerungen an die Schule. Da gibt es aber mittlerweile Ausbilder, die spezielle Didaktik-Trainings durchlaufen, um besonders ältere Auszubildende beim Lernen lernen zu unterstützen. Vor allem, wenn die letzte Ausbildung schon 20 Jahre zurückliegt.

Moderatorin: Leider ist unsere Sendezeit nun zu Ende. Ich bedanke mich bei unseren Gästen und Ihnen, liebe Hörerinnen und Hörer. Wie immer chatten wir noch etwas weiter …

18 Teil 4

Sie hören einen Vortrag über den Zustand der deutschen Hochschulen.
Sie hören den Text zweimal. Wählen Sie bei jeder Aufgabe die richtige Lösung. Lesen Sie jetzt die Aufgaben 24 bis 30. Dazu haben Sie 90 Sekunden Zeit.

Sehr geehrte Damen und Herren, herzlich willkommen zu meinem Vortrag!
Heute geht es um eine Langzeitstudie zum Zustand an deutschen Hochschulen und um die Zukunft der Lehre. Zehn Jahre lang haben der Stifterverband für die Deutsche Wissenschaft und die Unternehmensberatung McKinsey die deutschen Hochschulen beobachtet. Ihre Bilanz ist ernüchternd: Die Lehranstalten sind zwar digital und halbwegs attraktiv für Gaststudierende aus dem Ausland – aber auch sozial ungerecht, mit rückläufigen Zahlen in den MINT-Studienfächern (24) und viel zu langsam beim Umbau für die Bildung der Zukunft, so das allgemeine Resultat.
Während der zehn Jahre überprüften sie in jährlichen Berichten, wie gut sich Unis und Hochschulen für angewandte Wissenschaften auf aktuelle Herausforderungen einstellen. Von der Ausstattung mit digitalen Geräten bis zur Ausbildung neuer Lehrkräfte, von der Förderung für Frauen und Mädchen bis zur Qualität der akademischen Weiterbildungsangebote reichten die 70 Indizes, die Jahr für Jahr untersucht wurden. Anhand dieser formulierten Ziele wurde bewertet, wie gut Unis und Hochschulen sich diesen Zielen genähert haben (25).
Als positive Entwicklung stellt der Bericht heraus, dass die Zahl der Studienanfängerinnen und -anfänger mit ausländischem Hochschulzugang auf eine Rekordhöhe stieg (26). Auch die hohe Anzahl englischsprachiger Studiengänge an deutschen Hochschulen wird im Bericht gelobt. Die Zahl der Absolventinnen und Absolventen von Weiterbildungsstudiengängen hat sich mehr als verdoppelt. Das sei ein guter Trend – doch der sei noch nicht stark genug, heißt es im Report. Auch beim digitalen Umbau der Hochschulen hat es viele Verbesserungen gegeben. Die Entwicklung sollte als Ansporn für die weitere Digitalisierung, mehr Kooperationen und Investitionen an den Hochschulen – und das mit höherem Tempo – gesehen werden.
Länger ist jedoch die Liste der negativen Entwicklungen. Dabei möchte ich mich auf drei Themen fokussieren. Zwar positiv, aber immer noch viel zu langsam, entwickelt sich der Anteil der Studierenden im Fernstudium und der Anteil berufsbegleitender Masterstudiengänge. Als problematisch bewertet der Bericht auch, dass es nicht in allen Bundesländern ein Angebot für duale Studiengänge gibt, bei denen Berufspraxis und wissenschaftliches Studium verbunden werden. Besonders kritisch fällt die Bilanz der Lehrkräfteausbildung aus. So sank der aktuelle Anteil der MINT-Studienanfängerinnen und -anfänger im Lehramt ebenso wie der Anteil der Frauen in Informatik im Lehramt. Seltenheitsstatus haben auch Männer im Grundschullehramt (27).
Die Autorinnen und Autoren der Langzeitstudie fordern deshalb, dass die nächste Dekade ein Jahrzehnt massiver bildungspolitischer Weiterentwicklung werden muss. Unterstützung für diese Forderungen gibt es auch durch den Wissenschaftsrat. Er formuliert nachdrücklich den Ruf nach einem Qualitätssprung in den Hochschulen. Hochwertige Angebote für wenige und weniger gute Angebote für viele sind aus gesellschaftlicher wie volkswirtschaftlicher Sicht ebenso zu vermeiden (28) wie der Abbau von Studienplätzen, heißt es in dem Papier.
Konkret verlangt der Wissenschaftsrat Folgendes:
Erstens soll die Anzahl von Lehrveranstaltungen und Prüfungen reduziert werden, um mehr Freiräume zu schaffen.
Zudem ist es nötig, die Dominanz der Prüfungen zu brechen.
Hinzu kommt, dass Studierenden höhere Freiheitsgrade und Handlungsspielräume eingeräumt werden müssen. Dafür seien Orientierungs- und Unterstützungsangebote notwendig.
Außerdem sollten zukünftig regelmäßige Studiengespräche zwischen Lehrenden und Studierenden zum Standard werden (29).
Und schließlich muss auch die Lehrverpflichtung für Professorinnen und Professoren neu berechnet werden. Das beinhaltet unter anderem auch das Engagement der Dozierenden in der Betreuung von Studierenden.
Bei den Studentinnen und Studenten stoßen die Reformvorschläge grundsätzlich auf Zustimmung (30). Wenn die Empfehlungen des Wissenschaftsrats umgesetzt werden, könnten Studierende endlich tatsächliche Einheit von Forschung und Lehre erleben. Insbesondere das geplante Mentorat könne individuelle Bildungschancen verbessern. Durch dieses Format wäre es für Studierende ohne akademischen Hintergrund einfacher, sich im Studium und der akademischen Gemeinschaft zu bewegen.
Ich danke Ihnen für Ihre Aufmerksamkeit!

Modul *LESEN* – Antwortbogen

Teil 1	a	b	c	d
1	☐	☐	☐	☐
2	☐	☐	☐	☐
3	☐	☐	☐	☐
4	☐	☐	☐	☐
5	☐	☐	☐	☐
6	☐	☐	☐	☐
7	☐	☐	☐	☐
8	☐	☐	☐	☐

Teil 2	a	b	c
9	☐	☐	☐
10	☐	☐	☐
11	☐	☐	☐
12	☐	☐	☐
13	☐	☐	☐
14	☐	☐	☐
15	☐	☐	☐

Teil 3	a	b	c	d	e	f	g	h	i	j
16	☐	☐	☐	☐	☐	☐	☐	☐	☐	☐
17	☐	☐	☐	☐	☐	☐	☐	☐	☐	☐
18	☐	☐	☐	☐	☐	☐	☐	☐	☐	☐
19	☐	☐	☐	☐	☐	☐	☐	☐	☐	☐
20	☐	☐	☐	☐	☐	☐	☐	☐	☐	☐
21	☐	☐	☐	☐	☐	☐	☐	☐	☐	☐
22	☐	☐	☐	☐	☐	☐	☐	☐	☐	☐
23	☐	☐	☐	☐	☐	☐	☐	☐	☐	☐

Teil 4	a	b	c	0
24	☐	☐	☐	☐
25	☐	☐	☐	☐
26	☐	☐	☐	☐
27	☐	☐	☐	☐
28	☐	☐	☐	☐
29	☐	☐	☐	☐
30	☐	☐	☐	☐

Punkte Teile 1–4: ________ / 30

Gesamtergebnis: ________ / 100

30 Messpunkte entsprechen 100 Ergebnispunkten.
In der Prüfung können Sie maximal 100 Ergebnispunkte pro Modul erreichen.
Die Bestehensgrenze liegt bei 60 Prozent, d. h. bei 18 Punkten bei dem Modul *Lesen*, also 60 Ergebnispunkten.

Modul *HÖREN* – Antwortbogen

Teil 1	a	b	c
1	☐	☐	☐
2	☐	☐	☐
3	☐	☐	☐
4	☐	☐	☐
5	☐	☐	☐
6	☐	☐	☐

Teil 2	a	b	c
7	☐	☐	☐
8	☐	☐	☐
9	☐	☐	☐
10	☐	☐	☐
11	☐	☐	☐
12	☐	☐	☐
13	☐	☐	☐
14	☐	☐	☐
15	☐	☐	☐

Teil 3	a	b	c
16	☐	☐	☐
17	☐	☐	☐
18	☐	☐	☐
19	☐	☐	☐
20	☐	☐	☐
21	☐	☐	☐
22	☐	☐	☐
23	☐	☐	☐

Teil 4	a	b	c
24	☐	☐	☐
25	☐	☐	☐
26	☐	☐	☐
27	☐	☐	☐
28	☐	☐	☐
29	☐	☐	☐
30	☐	☐	☐

Punkte Teile 1–4: ________ **/ 30**

Gesamtergebnis: ________ **/ 100**

30 Messpunkte entsprechen 100 Ergebnispunkten.
In der Prüfung können Sie maximal 100 Ergebnispunkte pro Modul erreichen.
Die Bestehensgrenze liegt bei 60 Prozent, d. h. bei 18 Punkten bei dem Modul *Hören*, also 60 Ergebnispunkten.

Textquellenverzeichnis

Folgende Originalvorlagen wurden von der Autorin teilweise sprachlich angepasst, bearbeitet und gekürzt:
S. 52: Erstes Genom eines Menschen aus der antiken Stadt Pompeji analysiert; von Stefan Parsch, dpa vom 26.05.2022
S. 74: SCHWERPUNKT DER WOCHE: «Ein echtes Raubein» - Was die Spanische Wegschnecke zur krisenfesten Superschnecke macht; von Annett Stein, dpa vom 05.07.2022
S. 76: „Ausdauertraining? Abnehmen geht effizienter" von Jörg Zittlau; www.welt.de vom 13.07.2022; Link zum Artikel: https://www.welt.de/gesundheit/plus239854421/Appetitzuegler-Abnehmen-mit-HIIT-statt-Ausdauertraining.html
S. 78: Einfach mal wieder „Hallo" sagen von Verena Müller; WELT AM SONNTAG 29/2022 52 WISSEN (17.07.2022)
S. 96: „Der Alleskönner Kiri-Baum" von Ulrich J.C. Harz, veröffentlicht in brandeins 3/2022
S. 98: Die Position: Kitas sollten Innovationslabore sein!; Autor: Stefan Spieker; DIE ZEIT 28/2022 (07.07.2022)
S. 106: DER SPIEGEL, Armin Himmelrath, 29.04.2022; URL: https://www.spiegel.de/panorama/bildung/zustand-der-hochschulen-tempo-zu-langsamfortschritt-nicht-ausreichend-a-dc6690c6-3007-4e87-b170-d76ef89073b0

Trackliste

Die Audios zu diesem Testbuch finden Sie digital (siehe Erklärung auf Seite 1).

Track		Dauer
1	Modelltest 1, Hören, Teil 1	05:34
2	Modelltest 1, Hören, Teil 2	12:29
3	Modelltest 1, Hören, Teil 3	09:36
4	Modelltest 1, Hören, Teil 4	15:33
5	Modelltest 1, Sprechen, Teil 1	07:07
6	Modelltest 1, Sprechen, Teil 2	03:53
7	Modelltest 2, Hören, Teil 1	05:35
8	Modelltest 2, Hören, Teil 2	11:45
9	Modelltest 2, Hören, Teil 3	09:07
10	Modelltest 2, Hören, Teil 4	15:46
11	Modelltest 3, Hören, Teil 1	06:05
12	Modelltest 3, Hören, Teil 2	12:14
13	Modelltest 3, Hören, Teil 3	09:21
14	Modelltest 3, Hören, Teil 4	16:07
15	Modelltest 4, Hören, Teil 1	05:45
16	Modelltest 4, Hören, Teil 2	12:43
17	Modelltest 4, Hören, Teil 3	09:15
18	Modelltest 4, Hören, Teil 4	14:57